I0875119

Ueber

Krisen und kritische Tage.

Von

Dr. L. Traube.

Abdruck aus Göschen's „Deutscher Klinik".

Berlin, 1852.

Druck und Verlag von Georg Reimer.

Ich brauche kaum zu bemerken, dass die folgenden Sätze sich auf eine Reihe von sorgsam beobachteten Krankheitsfällen stützen. In allen diesen Fällen (52) begannen die Temperaturmessungen entweder gleich vom Eintritt des Kranken in's Spital ab, oder kurz darauf. Sie wurden täglich zwei Mal (in der Remissions- und Exacerbationszeit) gemacht, und meistens noch längere Zeit (mitunter 8 Tage) nach dem Verschwinden des Fiebers fortgesetzt. Zu denselben Zeiten (Remissions- und Exacerbationszeit) wurden in jedem Falle auch die übrigen Erscheinungen mit derselben Sorgfalt aufgenommen. — Die einzelnen Belege in ihrer Gesammtheit und Vollständigkeit werden in einer besonderen Schrift, welche sich noch mit anderen Fragen der Fieberlehre beschäftigen wird, enthalten sein.

I. Das Fieber besteht wesentlich in einer Temperaturerhöhung des Blutes.

Dass das Fieber (von den Griechen bekanntlich πύρεξις, πυρετὸς, sogar πῦρ genannt) wesentlich in einer abnormen Temperaturerhöhung des Körpers bestehe, ist, wie aus den folgenden Worten des Galenus hervorgeht, die älteste aller Fiebertheorien.

„Essentia vero febrium est, non secundum Hippocratem modo atque praeclarissimos medicos, sed etiam secundum communem omnium hominum notionem, praeter naturam caliditas (ἡ παρὰ φύσιν θερμασία), maxime quidem in totum animal effusa; sin minus, at omnino vel in plurimis partibus vel in nobilissimis accensa." (Siehe Galen. opera, edid. Kühn, vol. XVII. pars I. p. 872.)

Dieser Ansicht folgten, nach dem Zeugnisse van Swieten's, auch die späteren sowohl griechischen als arabischen Aerzte. So heisst es bei Avicenna, den ich nach van Swieten (Commentar. in H. Boerhaave aphorism., Lugd. Batavor. 1745, tom. II. p. 15) citire: „Febris est calor extraneus accensus in corde et procedens ab eo, mediantibus spiritu et sanguine, per arterias et venas in totum corpus."

Galen verwirft dabei ausdrücklich die später von Boerhaave aufgenommene und scharfsinnig vertheidigte Hypothese, welche das Wesen des Fiebers in den abnormen Bewegungserscheinungen sucht, welche gleichzeitig das Gefässsystem bei der Mehrzahl fieberkranker Individuen darbietet. Er sagt ebenfalls an dem angeführten Orte: „Neque enim arteriarum motu febrium essentia continetur; hac in re namque quo modo Erasistratus et Chrysippus hallucinati sunt, alias didicisti."

Das Hauptargument, welches Boerhaave und seine Anhänger für ihre und gegen die Galenische Fiebertheorie geltend machten, scheint darin bestanden zu haben, dass im Stadium des Fieberfrostes die Kranken über ein Kältegefühl nicht nur an den äusseren, sondern auch in den inneren Theilen des Körpers klagten. So heisst es bei Swieten (l. c. p. 13): „Verum in quartanae et tertianae paroxysmo incipiente summum frigus sentiunt aegri, neque auctum calorem in interioribus percipiunt, sed externa et interna sibi frigere testantur: unde patet evidenter, absque calore praeter naturam febrim esse posse, adeoque febrium essentiam non in caloris augmento consistere.“ Die Boerhaave'sche Theorie basirte demnach auf folgenden Sätzen. Erstens: Unter der grossen Anzahl von Erscheinungen, welche bei fieberhaften Kranken beobachtet werden, sind nnr drei constant, die Horripilatio, der Pulsus velox und die Temperaturerhöhung. „In omni febre a caussis internis ortâ horripilatio, pulsus velox, calor vario febris tempore vario gradu adsunt.“ (Aphor. von Boerhave.) Zweitens: Von diesen drei Cardinalerscheinungen aber ist nur die Velocitas des Pulses zu allen Zeiten des Fiebers vorhanden. „Quae quidem symptomata in omni febre adsunt, sed sola velocitas pulsus adest ex his omni febris tempore, ab initio ad finem, eaque sola Medicus praesentem febrem judicat.“ Hieraus nun folgt drittens: dass eben die Velocität des Pulses die wesentlichste Fiebererscheinung sei, und hieraus dann weiter, dass das Wesen (die Caussa proxima) des Fiebers in einer Velocior cordis contractio bestehe. Diese Velocior cordis contractio selbst sei schliesslich abhängig von dem: Velocior reciprocus influxus liquidi nervosi et cerebellosi in musculos, et sanguinis in vasa et cava cordis.

Den ersten und gewichtigsten Stoss aber erhielt diese Theorie des Boerhaave durch die später von Gavarret bestätigte Entdeckung de Haëns, dass das Thermometer selbst im Fieberfrost eine beträchtliche Temperaturerhöhung des Körpers nachweise. Und hieran reihte sich eine zweite nicht minder wichtige Entdeckung de Haëns, dass eine beträchtliche Temperaturerhöhung sogar mit abnormer Verminderung der Pulsfrequenz beobachtet werden könne. Damit waren offenbar die Grundlagen der Boerhaave'schen Theorie bis zur Unhaltbarkeit erschüttert, während die uralte Fiebertheorie eine unerwartete factische Bestätigung erhielt. Es lag nun klar zu Tage, dass die einzige wirklich constante Fiebererscheinung die Temperaturerhöhung sei; dass man nur von dieser Erscheinung das sagen durfte, was Boerhaave von der Velocität des Pulses mit Unrecht behauptet hatte: „Solus Calor adest ex his omni febris tempore, ab initio ad finem eoque solo Medicus praesentem febrem judicat.“

Fortan bedurfte es nur noch des Beweises, dass die anderen Erscheinungen, welche die Temperaturerhöhung am beständigsten zu begleiten pflegen, in der That eben dieser Temperaturerhöhung ihren Ursprung verdanken, und dass diese Erscheinungen nur dann mangeln, wenn Bedingungen gegeben sind, welche die Wirkungen der erhöhten Temperatur aufzuheben vermögen.

Diesen Nachweis werde ich mit Hülfe theils fremder, theils eigener Beobachtungen in der oben angekündigten Arbeit zu führen suchen. Dass ich die Erscheinungen des Froststadiums davon ausnehme, versteht sich von selbst. Von ihnen werde ich zeigen, dass sie, gleich der Temperaturerhöhung, als unmittelbare Wirkungen der Fieber-erregenden Ursache zu betrachten sind.

Schwieriger freilich ist die Beantwortung der Frage nach den physiologischen Mittelgliedern, welche zwischen der Einwirkung der Fieber-erregenden Ursache und deren Wirkung, der Temperaturerhöhung des Blutes, liegen, d. h. mit anderen Worten die Frage nach der Natur des Processes, durch welchen die abnorme Temperaturerhöhung entsteht. Diese Frage, glaube ich, wird mit Sicherheit erst dann gelöst werden können, wenn die Physiologie der thierischen Wärme um ein Beträchtliches weiter fortgeschritten sein wird. Bisher waren alle Bemühungen auf die Erforschung der Wärmequellen im Säugethiere gerichtet. Dagegen wissen wir bis zu dieser Stunde so gut als nichts von den Regulatoren dieses Processes. Aller Wahrscheinlichkeit nach sind es gerade diese Regulatoren, gegen welche der Angriff der Fieber-erregenden Ursache gerichtet ist. Das plötzliche Auftreten und, in vielen Fällen, das plötzliche Verschwinden der fieberhaften Temperaturerhöhung scheinen darauf hinzudeuten, dass es sich hier nur um Nervenfunctionen handelt, welche zu dem Wärmeentwickelungsprocess in inniger Beziehung stehen.

II. Der Uebergang von der abnormen Temperaturerhöhung zur Normaltemperatur geschieht entweder sprungweise oder allmälig, d. h. die mehr oder weniger beträchtlich über das Normale erhöhte Temperatur sinkt rasch, innerhalb eines Zeitraums von 12—36 Stunden, von ihrer Höhe herab, oder sie vermindert sich langsam, so dass eine grössere oder geringere Anzahl von Tagen darüber hingeht, bevor sie völlig verschwindet.

Als Beispiele zu diesem Satze mögen folgende Fälle dienen:

a) Fall von *Pleuropneumonia dextra* und *Pericarditis* bei einem 18jährigen männlichen Individuum. Aufnahme in der Exacerbationszeit des 6. Krankheitstages.

Tag d. Krankheit.	Exacerbationszeit.		Remissionszeit.	
	Pulsfrequenz.	Temperatur.	Pulsfrequenz.	Temperatur.
VI.	120	39°,9	120	40°,5
VII.	116	39°,975	58	37°,525
VIII.	52	37°,75	40	36°,6
IX.	38	36°,75	40	36°,95

In diesem Falle sank, wie man deutlich sieht, die Temperatur im Verlaufe des 7. Tages, d. h. in einem Zeitraume von circa 17 Stunden, um 2°,4 C.

b) Fall von Pleuropneumonie bei einem 21jährigen männlichen Individuum. Aufnahme in der Exacerbationszeit des 5. Krankheitstages.

Tag d. Krankheit.	Remissionszeit.		Exacerbationszeit.	
	Pulsfrequenz.	Temperatur.	Pulsfrequenz.	Temperatur.
V.	—	—	116	40°,6
VI.	104	40°,1	116	40°,675
VII.	118	40°,6	120	—
VIII.	76	37°,3	80	37°,35

In diesem Falle sank die Temperatur innerhalb 24 Stunden (d. h. in dem Zeitraum von der Remissionszeit des 7. bis zur gleichnamigen Zeit des 8. Krankheitstages) um 3°,3.

c) Fall von Pleuropneumonie bei einem 40jährigen männlichen Individuum. Aufnahme in der Exacerbationszeit des 3. Krankheitstages.

Tag d. Krankheit.	Exacerbationszeit.		Remissionszeit.	
	Pulsfrequenz.	Temperatur.	Pulsfrequenz.	Temperatur.
III.	104	40°,8	91	40°,6
IV.	99	40°,75	92	40°,3
V.	97	40°,6	80	38°,7
VI.	72	37°,75	56	37°,1

Hier sank die Temperatur innerhalb 24 Stunden (d. h. in dem Zeitraum von der Exacerbationszeit des 5. bis zur gleichnamigen Zeit des 6. Tages) um fast 3° C. Das Sinken begann bereits im Laufe des 5. Tages.

d) Leichter Fall von Abdominaltyphus bei einem schwächlich gebauten weiblichen Individuum von 18 Jahren. Die Krankheit begann am 16. December gegen 8 Uhr Abends mit einem heftigen Schüttelfrost. Bei der Aufnahme am Abend des 26. December (i. e. gegen Ende des 10. Krankheitstages constatirte man eine sehr beträchtliche Milzvergrösserung und zahlreiche Roseolaflecke auf Brust und Bauch. Die Behandlung durchweg exspectativ.

Tag d. Krankheit.	Remissionszeit.		Exacerbationszeit.	
	Pulsfrequenz.	Temperatur.	Pulsfrequenz.	Temperatur.
X.	—	—	112	41°,1
XI.	100	39°,3	108	39°,8
XII.	100	38°,6	104	40°,3
XIII.	92	38°,3	100	39°,9
XIV.	92	38°	100	40°,1
XV.	84	37°,9	100	39°,9
XVI.	84	37°,6	96	39°,7
XVII.	80	37°,3	88	39°,3
XVIII.	88	37°,1	80	38°,9
XIX.	92	36°,8	80	38°,3
XX.	72	36°,8	68	37°,4
XXI.	76	37°,025	68	37°,5
XXII.	68	37°,1	80	37°,5
XXIII.	80	36°,9	—	—

Im Gegensatze zu den vorher angeführten drei Fällen, wo die Temperatur plötzlich innerhalb 17—24 Stunden um 2°,4—3°,3 sank, um nach diesem Fall sich nie wieder über die Norm zu erheben, — sehen wir hier ein nur allmäliges Verschwinden der abnormen Temperaturerhöhung. — Völlig beseitigt war das Fieber in diesem Fall am 20. Tage. — Betrachten wir nun die Columne der Remissionstemperaturen vom 11. bis 20. Krankheitstage, so zeigt sich, dass die Temperatur in diesem Zeitraume allmälig um 2°,5 gesunken war. Vergleichen wir auf dieselbe Weise die Exacerbationstemperaturen vom 10. bis 20. Krankheitstage, so sehen wir, dass die Temperatur in diesem Zeitraume allmälig um 3°,7 abgenommen hatte.

III. Das rasche Sinken der Temperatur, welches zur Genesung führt, ist sehr häufig von starker Schweissabsonderung, minder häufig von einer auffallenden Neigung des Urins zur Abscheidung harnsaurer Salze begleitet. Mitunter beobachtet man Fälle, wo beide Phänomene augenscheinlich erst nach erfolgtem Verschwinden der Temperaturerhöhung eintreten. Endlich giebt es Fälle, wo keine von beiden Erscheinungen wahrgenommen werden kann.

Die Neigung des Urins zur Abscheidung harnsaurer Salze bekundet sich in einer Reihe von Fällen durch spontan erfolgende Sedimente, in anderen dadurch, dass ein oder ein Paar Tropfen Essigsäure sofort einen beträchtlichen Niederschlag von harnsauren Salzen in dem vorher ganz klaren Harn hervorbringen. Die letztere Erscheinung kommt, wie es scheint, häufiger zur Beobachtung, als die erstere. Ich brauche dabei wohl kaum erst zu bemerken, dass ich in einer beträchtlichen Anzahl von Fällen den Urin tagtäglich in der Remissions- und Exacerbationszeit auf diesen Punkt geprüft habe. Wenn es hiernach nun auch feststeht, dass in einer Anzahl von Fällen jene Neigung des Urins zur Sedimentbildung gleich im Beginn der Krankheit erscheint, so ist es doch andererseits nicht minder gewiss, dass es Fälle, und zwar viele Fälle giebt, in denen sie erst um den oben erwähnten Zeitpunkt, d. h. um die Zeit, wo jenes rasche Sinken der Temperatur eintritt, beobachtet wird. Es kehrt hierbei dasselbe Verhältniss wieder, welches man in Bezug auf die Schweissabsonderung beobachtet. Auch hier erscheint die Neigung zur Schweissbildung in manchen Fällen von acuter fieberhafter Erkrankung gleich vom Beginn der Krankheit ab, während in anderen zahlreicheren Fällen eine auffallend reichliche Schweissabsonderung erst um die Zeit beobachtet wird, wo die Temperatur plötzlich und stark zu sinken beginnt [1]). Das Nähere über alle diese Verhältnisse wird der Leser in der bereits mehrfach citirten Arbeit finden. Für den Augenblick begnüge ich mich, einen Fall mitzutheilen, in welchem die reichliche Schweissabsonderung und die Neigung des Urins zur Ab-

[1]) Wahrscheinlich handelt es sich hierbei um Verschiedenheiten in den Contractilitätsverhältnissen der absondernden Apparate oder ihrer Gefässe.

scheidung von harnsauren Salzen entschieden erst nach dem plötzlichen Verschwinden der abnormen Temperaturerhöhung zum Vorschein kamen.

Fall von leichter Dysenterie bei einem 22jährigen männlichen Individuum. Aufnahme in der Exacerbationszeit des 8. Krankheitstages. Die Behandlung bestand lediglich in dem öfteren Darreichen von *Ol. ricini* (3 Mal täglich einen Esslöffel).

Tag d. Krankheit.	Exacerbationszeit.		Remissionszeit.	
	Pulsfrequenz.	Temperatur.	Pulsfrequenz.	Temperatur.
VIII.	84	39°,85	76	38°,95
IX.	88	40°,2	74	37°,375
X.	64	—	58	37°,7
XI.	56	37°,4	56	37°,52
XII.	48	37°,275	52	—

In diesem Falle trat, wie man ohne Weiteres ersieht, das plötzliche Sinken der Temperatur im Verlaufe des 9. Krankheitstages ein. Aber erst gegen Ende des 9. Tages, nachdem die Temperatur während der Nacht von 40°,2 auf 37°,375 gesunken war, beobachtete man den Eintritt eines allgemeinen Schweisses auf der bis dahin trokkenen Haut und ein spontanes Sediment von harnsauren Salzen in dem bis dahin klar gebliebenen Harn.

IV. Mit dem raschen Sinken der Temperatur, welches zur Genesung führt, tritt fast immer auch eine rasche und erhebliche Verminderung der Pulsfrequenz ein.

Da man andererseits eine rasche und erhebliche Verminderung der Pulsfrequenz (mit Ausnahme derjenigen Fälle, wo grosse Digitalisdosen in Anwendung kamen [1]), oder eine idiopathische Hirnerkrankung mit Betheiligung der *Medulla oblongata* hinzutritt) niemals ohne bedeutende Temperaturabnahme wahrnimmt, so kann man auch in den Fällen von fieberhaften acuten Krankheiten, wo keine Temperaturmessungen stattgefunden haben, aus der raschen und erheblichen Verminderung der Pulsfrequenz auf eine entsprechende rasche und erhebliche Abnahme der Temperatur zurückschliessen. Diese Erfahrung ist für uns deshalb wichtig, weil wir durch sie in den Stand gesetzt werden, zur Erledigung einiger der folgenden Fragen auch noch eine beträchtliche Anzahl solcher Fälle zu benutzen, welche wir vor dem Beginn unserer Temperaturuntersuchungen beobachtet haben.

V. Das plötzliche Sinken der Temperatur, welches zur Genesung führt, kann eintreten, bevor der Entzündungsprocess, in dessen Begleitung die Temperaturerhöhung erschien, sich zu verbreiten aufgehört hat.

Ein schönes Beispiel für diesen Satz liefert der folgende Fall von Gesichtserysipel (bei einem 33jährigen, vorher gesunden und kräftig gebauten, muskulösen Individuum). Ich begnüge mich, den Verlauf des

[1]) Vergl. meine Arbeit „über die Wirkungen der Digitalis etc." in den Charité-Annalen Bd. I. Heft 4. und Bd. II. Heft 1.

Fiebers durch eine Tabelle zu veranschaulichen, und an diese einige Bemerkungen anzuknüpfen.

Tag der Krankheit.	Remissionszeit.			Exacerbationszeit.		
	Puls-Frequenz.	Temperatur.	Respir.-Frequenz.	Puls-Frequenz.	Temperatur.	Respir.-Frequenz.
III.	—	—	—	107	39°,9	34
IV.	79	38°,25	28	90	39°,9	22
V.	63	37°,15	18	80	38°,7	26
VI.	66	37°,2	28	64	37°,35	21
VII.	59	36°,7	18	52	37°,2	—

Patient war, wie man sieht, in der Exacerbationszeit des 3. Krankheitstages aufgenommen worden. Und zwar kurz vor dem Ende des 3. Tages; denn die Krankheit hatte Nachmittags 6 Uhr begonnen. Wie ferner die Temperaturzahlen beweisen, war das Fieber gegen Ende des 4. Krankheitstages noch auf seiner Acme; denn die Temperatur am Ende des 4. war vollkommen gleich der Temperatur am Ende des 3. Tages (= 39°,9). Das plötzliche Sinken der Temperatur trat also im Anfang des 5. Tages ein. Es dauerte = 24 Stunden. Wie verhielt sich nun die Localaffection während dieses Zeitraums? Am Ende des 3. Krankheitstages nahm das Erysipel die linke Gesichts- und Stirnhälfte ein. In der Remissionszeit des 4. Tages fand man, dass es sich sowohl an der Stirn als nach dem linken Ohre hin weiter verbreitet hatte; das linke Ohrläppchen, am Abend vorher noch vollkommen intact, war nun intensiv geröthet, stark geschwollen und sehr empfindlich gegen Druck. Am Abend des 4. Tages verhielt sich die Localaffection noch ganz wie am Vormittag; sie hatte keine weiteren Fortschritte gemacht. Aber am Morgen des 5. Tages zeigte sich neben den beschriebenen Veränderungen auf der linken Seite auch eine intensive Röthung und Schwellung der rechten Wange; die linksseitige Affection ist nur in sofern verändert, als die Geschwulst sich etwas teigiger anfühlt und von einer Anzahl kleiner Blasen besetzt ist. — Also mit einem Worte: in eben derselben Nacht, in welcher Temperatur und Pulsfrequenz um ein Bedeutendes gefallen waren, hatte sich die Localaffection um ein Beträchtliches weiter verbreitet.

Die Nutzanwendung, welche aus dieser und anderen ähnlichen Beobachtungen in Bezug auf das Verhältniss des Fiebers zu den Entzündungen, in deren Gefolge es auftritt, zu ziehen ist, überlasse ich vor der Hand dem Nachdenken des Lesers.

VI. Bei langwierigen acuten Krankheiten, wo die abnorme Temperatur allmälig verschwindet, wird der Typus des Fiebers gegen das Ende desselben häufig der einer *Febris hectica*, d. h. die Remissionstemperatur nähert sich alsdann sehr der normalen oder sinkt sogar unter die normale, während die Exacerbationstemperatur sich beträchtlich über die normale erhebt.

Einen guten Beleg zu diesem Satze giebt schon der oben mitgetheilte Fall d. sub II.

Man gestatte mir, noch einen zweiten anzuführen, der dasselbe Verhältniss, wo möglich noch prägnanter, zur Anschauung bringt. Es handelt sich um einen schweren Abdominaltyphus bei einem schwächlich gebauten 15jährigen weiblichen Individuum, welches am 14. Tage der Krankheit aufgenommen wurde.

Tag d. Krankheit.	Remissionszeit.		Exacerbationszeit.	
	Pulsfrequenz.	Temperatur.	Pulsfrequenz	Temperatur.
XIV.	108	40°,6	104	40°,45
XV.	100	39°,6	100	40°,9
XVI.	104	39°,5	100	40°,3
XVII.	104	40°,	104	40°,375
XVIII.	104	39°,9	104	40°,5
XIX.	96	39°,4	112	40°,4
XX.	100	38°,95	96	39°,9
XXI.	92	39°,925	104	40°,3
XXII.	100	40°,075	104	40°,45
XXIII.	88	38°,4	92	39°,1
XXIV.	84	36°,7	100	39°,55
XXV.	84	36°,875	92	39°,35
XXVI.	76	36°,95	108	40°,2
XXVII.	80	37°,3	96	40°,5
XXVIII.	76	37°,4	88	39°,4
XXIX.	76	37°,5	84	38°,75
XXX.	68	35°,975	76	38°,35
XXXI.	76	36°,55	84	38°,35
XXXII.	72	36°,875	88	37°,95
XXXIII.	76	36°,875	78	37°,65
XXXIV.	76	37°,2	80	38°,05
XXXV.	84	37°,45	76	36°,725
XXXVI.	80	37°,175	72	37°,45
XXXVII.	80	37°,15	76	37°,35

Die Behandlung in diesem Falle war exspectativ. Nur am 19., 20. und 28. Tage (in der Exacerbationszeit, **nach** der Messung) wurden kalte Einwickelungen angewendet. — Wie man sieht, hörte das Fieber am 34. Tage auf; denn in der Exacerbationszeit dieses Tages beobachtete man zum letztenmale eine abnorme Temperaturerhöhung. — Betrachten wir die anderweitigen Zahlen der Tabelle, so ergiebt sich Folgendes: 1) Das Fieber machte eine erhebliche Remission am 20. und am 23. Tage. 2) Vom 24. bis zum 28. Tage (incl.) zeigte sich eine enorme Differenz zwischen Remissions- und Exacerbationstemperatur. Während vom 14. bis zum 23. Tage das Minimum dieser Differenz 0°,15, das Maximum 1°,3 betragen hatte, war zwischen dem 24. und 28. Tage das Minimum derselben Differenz = 2°, das Maximum

$= 3^{\circ},25$. 3) In der Zeit vom 24. bis zum 28. Tage war die Remissionstemperatur im Mittel um $0^{\circ},6$ niedriger als im normalen Zustande (nämlich wenn wir die mittlere normale $= 37^{\circ},6$ setzen), dagegen die Exacerbationstemperatur um $2^{\circ},3$ höher als die normale. 4) Vom 29. bis zum 34. Tage blieb die Remissionstemperatur zwar ebenfalls noch durchgängig unter der normalen, dagegen sank die Exacerbationstemperatur beträchtlich und fast stetig, so dass die Differenz zwischen beiden nicht mehr das frühere Maximum erreichte.

Bemerkung: Einen unmittelbaren therapeutischen Nutzen hat dieser Satz in sofern, als er uns über die Zeit belehrt, in welcher die an langwierigen acuten Krankheiten Daniederliegenden am zweckmässigsten ernährt werden können. Ich glaube mit Chossat (vgl. dessen klassische Untersuchungen über „Inanition"), dass eine nicht unbeträchtliche Anzahl solcher Kranken den Hungertod, oder, wie er ihn nennt, den Tod durch Inanition stirbt, z. B. beim Abdominaltyphus. Bei einer grossen Anzahl von Individuen, welche ich vor Jahren in einem der grössten Spitäler an dieser Krankheit zu Grunde gehen und seciren sah, fand sich post mortem nichts, was den Tod zu erklären im Stande war; die Darmgeschwüre weit in der Vernarbung vorgeschritten, die Milz auf ein kleineres Volumen reducirt, die Mesenterialdrüsen zusammengefallen, schlaff und pigmentirt, und nirgends eine frische Affection; einzig auffallend war die beträchtliche Abmagerung.

VII. **Das sprungartige Sinken der Temperatur im Verlaufe acuter Krankheiten, welches zur Genesung führt, tritt, wenn es wie gewöhnlich vor dem 14. Tage erfolgt, immer entweder am 3., oder am 5., oder am 7., oder am 9., oder am 11. Krankheitstage ein.**

Unter den 52 oben erwähnten Fällen, von welchen ich zahlreiche und genaue Temperaturmessungen besitze, befinden sich 30, in denen es zu einem solchen sprungartigen Sinken der Temperatur überhaupt kam.

Von diesen 30 Fällen konnte in zweien der Beginn der Krankheit nicht mit hinreichender Genauigkeit festgestellt werden; in einem dritten fiel der Beginn des Temperaturfalles auf den 17. Tag; mithin bleiben 27 Fälle, an denen die Wahrheit des obigen Satzes constatirt werden kann.

Zuvörderst sei bemerkt, dass ich nach dem Vorgange der Alten unter einem Krankheitstag eine 24stündige Periode der Krankheit verstehe. „Diem autem, so sagt Galen in dem zweiten Buche über die Krisen (l. c. tom. IX. p. 642), per totum hunc sermonem nostrum in eo accipiemus significatu, ut non solum lucem, sed noctem etiam complectatur." Und an einer anderen Stelle (De crisibus liber I. l. c. tom. IX. p. 620) heisst es: „In primo quidem die; sic vero me ubique intelliges ex die et nocte tempus in viginti ac quatuor horas partitum accipientem." Danach also begänne z. B. der 7. Tag mit dem Eintritt der siebenten 24stündigen Periode der Krankheit. — Der Beginn der Krankheit überhaupt war in allen 27 Fällen ein plötzlicher, in der ungleich grossen Mehrzahl durch einen Frost markirt. Nehmen wir dazu, dass die Patienten insgesammt sich im vollständigsten Besitz ihrer Geistesfähigkeiten befanden, und ferner, dass sie insgesammt kurze Zeit nach ihrem Erkranken in das Krankenhaus gekommen waren, so war ein Rechnungsfehler von dieser Seite augenscheinlich sehr leicht zu vermeiden, ich möchte sagen unmöglich.

Eine gute Uebersicht über die Gesammtheit unserer Fälle gewährt die folgende Tabelle.

Art der Krankheit.	Zahl d. Fälle.	Die Tage, an denen der Temperatursprung erfolgte.
Pleuropneumonia . . .	18	in 2 Fällen am 3. Tage; in 7 Fällen am 5. Tage; in 8 Fällen am 7. Tage; in einem Falle am 9. Tage.
Pleuropneumonia u. Pericarditis	1	am 7. Tage.
Glossitis	1	am 5. Tage.
Erysipelas	2	in einem Fall am 5., in einem am 7. Tage.
Dysenteria	1	am 9. Tage.
Morbilli	2	in einem Fall am 3., in einem am 7. Tage.
Febris rheumatica . .	2	in 1 Fall am 3., in einem am 11. Tage.
	27	

In der ungleich grössten Zahl dieser Fälle fiel der Beginn des Temperatursprunges entschieden zwischen die Grenzen des ungeraden Tages; in sehr wenigen (in 4 Fällen) fiel er auf die Grenze eines ungeraden und geraden Tages; aber in keinem einzigen Falle entschieden zwischen die Grenzen eines geraden Tages.

Zur Prüfung dieses Resultates steht mir noch eine Anzahl von 47 Fällen von acuter Pleuropneumonie zu Gebote, die ich vor dem Beginn meiner Temperaturuntersuchungen gesammelt hatte, und in denen die Krankheitserscheinungen von Tag zu Tag (sowohl in der Remissions- als in der Exacerbationszeit) mit derselben Sorgfalt notirt sind, wie in den angeführten 52 mit Temperaturmessungen versehenen Fällen. Von diesen 47 Fällen sind für unsere Frage 15 unbrauchbar, weil in ihnen entweder der Beginn der Krankheit nicht genau fixirt werden konnte, oder das Fieber sich nur allmälig verminderte. Es bleiben mithin 32 Fälle, in denen wir untersuchen können, zu welcher Zeit die plötzliche Verminderung des Fiebers eintrat. Ich verweise hierbei noch einmal ausdrücklich auf den Satz IV., aus welchem resultirt, dass ein plötzliches und erhebliches Sinken der Pulsfrequenz im Verlaufe einer acuten Krankheit sicher auf eine gleichzeitige erhebliche Verminderung der Temperatur schliessen lasse, sobald nicht grosse Gaben von Digitalis in Anwendung gekommen sind, oder eine Erkrankung des Gehirns mit Betheiligung der *Medulla oblongata* hinzugetreten ist. Diese Erfahrung benutzend, datirte ich in den 32 Fällen den Beginn des plötzlichen Fieberabfalles von dem Zeitpunkt, wo die Pulsfrequenz plötzlich und beträchtlich zu sinken begann.

Die folgende Tabelle verschafft uns eine Uebersicht über die Gesammtzahl dieser Fälle.

Zahl der Pneumonien.	Der Tag, an welchem es zu einem plötzlichen u. beträchtlichen Sinken d. Pulsfrequenz kam.
2 Fälle, welche sich	am 3. Tage entschieden.
8 " " "	" 5. " "
13 " " "	" 7. " "
6 " " "	" 9. " "
2 " " "	" 11. " "
1 Fall, welcher sich	" 6. Tage entschied.
32 Fälle.	

Man ersieht hieraus, dass unter den 32 Fällen sich nur einer befindet, von dem man mit Entschiedenheit behaupten kann, dass das plötzliche Sinken des Fiebers, oder vielmehr der Beginn dieses Sinkens in die Grenzen eines geraden Tages gefallen sei. Ob in diesem Falle vielleicht ein Irrthum von Seiten des Kranken stattgefunden, kann ich gegenwärtig natürlich selbst nicht mehr ermitteln [1]).

VIII. Am 5., 7., 9. oder 11. Tage tritt im Verlauf acuter Krankheiten nicht selten spontan ein plötzliches und erhebliches Sinken der Temperatur ein, welches zwar nicht unmittelbar zur Genesung führt, aber eine beträchtliche und anhaltende Verminderung des Fiebers zur Folge hat. Nie habe ich, bis jetzt wenigstens, etwas Aehnliches von einem der zwischenliegenden geraden Tage beobachtet.

Belege:

1) Fall von Masern bei einem sehr kräftig gebauten 24jährigen Manne. Die Krankheit begann Abends 7 Uhr mit Frost. Die Aufnahme geschah in der Exacerbationszeit des 4. Krankheitstages, während das Exanthem bereits in reichlicher Menge vorhanden war. Die Temperaturmessungen wurden des Morgens zwischen 8—9, Abends gegen 5 Uhr gemacht. Die Behandlung durchaus exspectativ.

[1]) Von denjenigen, welche diese Resultate schon jetzt, d. h. noch bevor ich meine Fälle im Detail vorführe, prüfen wollen, kann ich billig Folgendes verlangen: a) Dass sie mit Genauigkeit, so wie ich es gethan, den Beginn der Krankheit fixiren; b) dass sie die betreffenden Kranken mit derselben Sorgfalt Tag für Tag in der Remissions- und Exacerbationszeit verfolgen; c) dass sie beim Aufnehmen der Pulsfrequenz sich vor allen den Einflüssen möglichst zu bewahren suchen, welche erfahrungsgemäss beschleunigend auf die Pulsfrequenz wirken; endlich d) dass sie die Dauer der Krankheit nach den oben angegebenen Principien bestimmen. Am zweckmässigsten scheint es mir übrigens, von jetzt ab nur noch solche Fälle in Betracht zu ziehen, welche mit Temperaturmessungen versehen sind. Hier ist man, sobald die von mir (in den Charité-Annalen) angegebene Messungsmethode angewendet wird, dem Irrthum offenbar weit weniger ausgesetzt, als bei der blossen Berücksichtigung der Pulsfrequenz.

Tag d. Krankheit.	Remissionszeit.		Exacerbationszeit.	
	Pulsfrequenz	Temperatur.	Pulsfrequenz.	Temperatur.
IV.	—	—	100	39°,6
V.	94	38°,7	88	38°,55
VI.	84	37°,825	80	38°,1
VII.	80	37°,85	80	38°,1
VIII.	76	37°,9	74	38°,2
IX.	78	38°,125	80	38°,375
X.	72	37°,75	68	38°,15
XI.	72	37°,65	62	37°,9
XII.	72	37°,825	60	38°,05
XIII.	80	37°,8	80	38°
XIV.	64	37°,5	64	37°,6

Wie man sofort sieht, war die spontane Remission, welche in diesem Falle innerhalb der Grenzen des 5. Krankheitstages erfolgte, so bedeutend, dass die Abendtemperatur des 5. Tages nicht nur um 1°,05 niedriger ausfiel, als die gleichnamige Temperatur des 4. Tages, sondern auch nicht einmal die Höhe der Morgentemperatur desselben (i. e. des 5.) Tages erreichte. — Dass das Fieber trotzdem bis zum 14. Tage fortdauerte, braucht kaum besonders hervorgehoben zu werden.

2) Fall von *Erysipelas faciei* bei einem 28jährigen weiblichen Individuum. Die Krankheit begann nach 7 Uhr Abends mit Frost. Die Aufnahme geschah in der Exacerbationszeit des 3. Krankheitstages, während die sehr intensive Localaffection über das ganze Gesicht verbreitet war. Die Behandlung durchaus exspectativ.

Tag d. Krankheit.	Remissionszeit.		Exacerbationszeit.	
	Pulsfrequenz.	Temperatur.	Pulsfrequenz.	Temperatur.
III.	—	—	110	—
IV.	84	38°,75	100	39°,525
V.	108	40°,45	112	40°,6
VI.	84	38°,075	114	41°,1
VII.	76	37°,65	88	38°,425
VIII.	88	38°,575	84	38°,6
IX.	78	36°,725	88	37°,95
X.	92	37°,75	84	38°,5
XI.	72	37°,025	60	37°,375
XII.	72	36°,8	60	37°
XIII.	66	37°,25	64	—

Aus dieser Tabelle ersieht man, dass derjenige Temperatursprung, welcher im Laufe des 7. Krankheitstages erfolgte, eine anhaltende Verminderung des Fiebers nach sich zog.

3) Fall von Variolois bei einem sehr kräftig gebauten 28jährigen Manne. Die Krankheit begann plötzlich des Abends zwischen 5—6 Uhr mit Hitze, Kopf- und Kreuzschmerzen. Die Aufnahme geschah in der

Remissionszeit des 4. Krankheitstages, zu einer Zeit, wo das Exanthem noch in Gestalt gries- bis hirsekorngrosser, stark prominirender, rother Papeln erschien. Die Behandlung exspectativ.

Tag d. Krankheit.	Remissionszeit.		Exacerbationszeit.	
	Pulsfrequenz.	Temperatur.	Pulsfrequenz.	Temperatur.
IV.	92	40°,8	110	41°,8
V.	80	38°,2	85	38°,9
VI.	—	37°,6	—	—

Da die Messung in der Exacerbationszeit des 4. Tages kurz vor 6 Uhr, also kurz vor dem Ende des 4. Tages beendigt wurde, so fiel die in diesem Falle beobachtete Remission des Fiebers augenscheinlich in die Grenzen des 5. Krankheitstages. Leider mussten die Temperaturmessungen schon von der Exacerbationszeit des 6. Tages ab ausgesetzt werden, was dieser interessanten Beobachtung viel von ihrem Werthe nimmt; indess lehrten die anderweitigen Erscheinungen wenigstens so viel, dass das Fieber, wenn auch in sehr gemässigtem Grade, noch am 7. Tage, wo Patient in's Pockenhaus transportirt wurde, fortdauerte.

4) Schwerer Fall von Erysipelas bei einem kräftig gebauten 26jährigen Manne. Die Krankheit begann des Abends mit einem Schüttelfrost. Die Aufnahme erfolgte im Beginn des 5. Krankheitstages. Um diese Zeit waren beide Gesichtshälften in grösster Ausdehnung ergriffen, an der linken bereits Spuren der Abschuppung; im Urin sehr viel Eiweiss bei geringem Gehalt an Faserstoffcylindern. Patient verlor bald nach der Aufnahme das Bewusstsein und verfiel in furibunde Delirien, weshalb ihm in der Remissionszeit des 5. Tages Calomel (2stündlich 1 Pulver von gr. iij) verordnet wurde. Das Mittel wurde indess schon in der Exacerbationszeit des 6. Tages ausgesetzt, da es nur wässrige, nicht grün gefärbte Stühle bewirkt hatte; im Ganzen waren 9 Gran verbraucht worden. Man ging hierauf zur kalten Behandlung über, anfangs zu kalten Einwickelungen, und als diese nur momentane Beruhigung zur Folge hatten, zu kalten Ueberrieselungen im abgeschreckten Halbbade (von 15° R.). Die erste dieser Ueberrieselungen (von 10 Eimern Brunnenwasser) wurde in der Exacerbationszeit des 7. Tages ausgeführt. Schon 8 Stunden darauf trat ein mehrstündiger Schlaf ein, und in der Remissionszeit des 7. Tages fand man Patienten, wenn auch nicht bei völligem Bewusstsein, doch durchaus ruhig und sehr zum Schlafe geneigt. Die dritte und letzte Ueberrieselung (von 8 Eimern) fand in der Exacerbationszeit des 8. Krankheitstages statt. In Folge derselben erlangte Pat. das Bewusstsein vollständig wieder. Man fand ihn in der Remissionszeit dieses Tages vollkommen verständig und ruhig; dabei die Geschwulst des Gesichts zusammengefallen und überall von grossen Epidermisschuppen bedeckt; die Entzündung hatte sich über den behaarten Theil des Kopfes nach dem Nacken hin verbreitet. — Von der Remissionszeit des 8. Tages bis zur Exacerbationszeit des 13. Tages, in welchem Zeitraum, wie auch späterhin, Pat. bei völligem

Bewusstsein blieb, wanderte die Entzündung längs des Rückens, auf diesem Wege bis an die Seitenwände des Rumpfes sich verbreitend, bis zur Lendengegend hinab. — Der Verlauf des Fiebers von der Zeit der Aufnahme ab bis zum Eintritt in die Reconvalescenz erhellt aus der folgenden Tabelle, welcher wir nur noch die Bemerkung vorausschicken wollen, dass die Behandlung von der Exacerbationszeit des 8. Krankheitstages ab eine rein exspectative war.

Tag d. Krankheit.	Exacerbationszeit.		Remissionszeit.	
	Pulsfrequenz.	Temperatur.	Pulsfrequenz.	Temperatur.
V.	106	40°,5	108	40°,6
VI.	120	41°	104	39°,8
VII.	—	—	94	40°,5
VIII.	100	40°,8	88	40°,2
IX.	96	40°,8	96	40°,7
X.	96	41°	96	40°,4
XI.	87	41°,2	84	39°,675
XII.	88	39°,55	80	39°,075
XIII.	76	38°,2	64	37°,5
XIV.	76	38°,5	68	37°,85
XV.	66	37°,875	70	37°,6
XVI.	60	37°,35	64	37°,375
XVII.	56	37°,475	60	37°,3

Aus dieser Tabelle ersieht man, dass die Temperatur, welche in der Exacerbationszeit des 11. Tages den höchsten der bis dahin beobachteten Punkte erreicht hatte, im Verlaufe des 11. Tages plötzlich und erheblich zu sinken begann, dass aber trotzdem das Fieber, obgleich in gemindertem Grade, noch mehrere Tage hindurch fortdauerte. — Bemerkenswerth bei diesem Falle sind ausserdem noch folgende Umstände: erstens dass das Sinken der Temperatur zu keiner Zeit von Schweissabsonderung begleitet war, zweitens dass der Urin zum ersten Male in der Remissionszeit des 14. Tages auf Zusatz von Essigsäure ein Sediment von harnsauren Salzen fallen liess (der Eiweissgehalt verschwand an demselben Tage).

IX. Verschwindet im Verlaufe einer von Fieber begleiteten acuten Entzündung die Temperatur-Erhöhung plötzlich, und hat dies Verschwinden an einem der oben (§. VII.) angeführten Tage begonnen, so hört mit dem Wegfall der abnorm hohen Temperatur auch der Entzündungsprocess auf, sich weiter zu verbreiten.

Einen der besten Belege für diesen Satz liefern die Fälle von Entzündung in einem der oberen Lungenlappen.

Auch hier ist bekanntlich die Entzündung des Parenchyms, wenigstens bei Erwachsenen, meist mit einer Entzündung der Pleura combinirt; aber der tropfbar flüssige Antheil des pleuritischen Exsudats bleibt nicht, wie bei der Entzündung der unteren Lungenpartien, um den afficirten Lungenlappen angehäuft, sondern er sinkt in den untersten Theil des Pleurasackes hinab, woselbst er eine nach Maassgabe seiner Menge mehr oder weniger beträchtliche Compression des unteren Lungenlappens bewirkt. Natürlich können hierbei in Bezug auf die acustischen Zeichen zwei Fälle eintreten. Ist der tropfbar flüssige Antheil des pleuritischen Exsudats beträchtlich, so beobachten wir abnorme acustische Zeichen sowohl an dem oberen als an dem unteren Theil der afficirten Thoraxhälfte. Am häufigsten ist dann die Dämpfung, welche aus der Infiltration des oberen Lappens resultirt, von derjenigen Dämpfung, welche dem herabgesunkenen Antheil des pleuritischen Exsudats entspricht, durch eine mehr oder weniger breite Zone von hellem Percussionsschall geschieden. Ist dagegen die Menge des pleuritischen Exsudats gering, so haben wir es lediglich mit jenen acustischen Erscheinungen zu thun, welche der Affection des oberen Lappens ihren Ursprung verdanken; höchstens, dass sich die geringfügige Volumsverkleinerung des unteren Lappens durch ein schwaches unbestimmtes Athmen an der ihm entsprechenden Thoraxpartie bemerklich macht.

Fassen wir nun für unseren Zweck nur diejenigen Fälle in's Auge, wo die der Infiltration des oberen Lappens angehörigen Zeichen entweder für sich allein bestehen, oder wenigstens durch eine deutliche Grenze von denjenigen geschieden sind, welche durch eine erhebliche Compression des unteren Lappens zu Stande kommen, so lässt sich um die Zeit, wo die den Entzündungsprocess begleitende Temperaturerhöhung verschwunden ist, Folgendes wahrnehmen.

Ich setze dabei voraus, dass man sich die Grenzen der Infiltration von Tag zu Tag graphisch an der Thoraxwand verzeichnet hat.

Niemals habe ich unter diesen Bedingungen, nachdem die abnorme Temperatur (plötzlich) verschwunden war, weder ein Fortschreiten der Dämpfung, sei es in der Richtung von hinten nach vorn oder von oben nach unten hin, noch auch eine Zunahme der Intensität der Dämpfung innerhalb der zuletzt verzeichneten Grenzen beobachtet; sondern meist wies, im Gegentheil, sowohl Percussion als Auscultation eine rasche Abnahme des in den oberen Lappen abgelagerten entzündlichen Exsudats nach. Schon 24 Stunden nach dem Verschwinden der Temperaturerhöhung war ein Theil der abnormen Dämpfung ganz verschwunden, ein anderer Theil heller geworden, und an diesen Stellen das bronchiale Athmen und consonirende Rasseln durch ein tiefes, meist kleinblasiges, oder durch ein crepitirendes Rasseln ersetzt.

X. Dagegen kann die Entzündung in dem einmal von ihr ergriffenen Theile, auch nach dem völligen Verschwinden der Temperaturerhöhung (wenn auch gewöhnlich nur auf kurze Zeit), fortbestehen, und hierin der Anlass zu einer späteren abermaligen Verbreitung der Entzündung liegen.

Fall von *Angina faucium* bei einem kräftig gebauten 20jährigen männlichen Individuum. Die Krankheit hatte gegen 10 Uhr Vormittags mit Frost begonnen. Die Aufnahme erfolgte gegen Ende des 4. Krankheitstages. Bei der Aufnahme: intensiv purpurrothe Färbung des unteren Theils des *Velum palatin.*, der Uvula und der Gaumenbögen; starke Schwellung der Uvula, geringe Anschwellung der Tonsillen; die Schmerzen beim Schlucken so stark, dass Pat. nicht einmal den Speichel, geschweige denn Speisen herunterzuschlingen wagt; daher denn auch sehr reichlicher Speichelauswurf. — Ganz exspectative Behandlung. [1])

Tag d. Krankheit.	Exacerbationszeit.		Remissionszeit.	
	Pulsfrequenz.	Temperatur.	Pulsfrequenz.	Temperatur.
IV.	—	—	88	39°,4
V.	104	39°,6	72	37°,4
VI.	72	37°,65	58	36°,4
VII.	58	36°,7	60	36°,8
IX.	64	37°,3	—	—

In diesem Falle erfolgte, wie man auf den ersten Blick sieht, der plötzliche Temperatursprung, welcher zur Genesung führte, im Laufe des 5. Krankheitstages (nicht unter Schweissabsonderung, sondern unter Abscheidung eines Urins, welcher bald nach der Entleerung ein reichliches Sediment von harnsauren Salzen fallen liess). — In der Nacht, in welcher diese Veränderung eintrat, schlief Pat. entschieden besser als in den früheren Nächten. Dagegen zeigte sich die Rachenaffection, trotz der normal gewordenen Pulsfrequenz und Temperatur, ganz unverändert. Erst in der Remissionszeit des 6. Krankheitstages hatten Röthe, Geschwulst und Schlingbeschwerden um ein Erkleckliches abgenommen. Völlig verschwunden aber war die Entzündung selbst am 10. Krankheitstage noch nicht.

XI. Verschwindet im Verlaufe acuter Krankheiten die abnorm hohe Temperatur plötzlich (d. h. innerhalb 12 bis 36 Stunden), so macht sie in vielen Fällen nicht der normalen, sondern einer abnorm niedrigen Temperatur Platz; erst von dieser aus findet ein allmäliger Uebergang zur normalen statt. Aehnliches beobachtet man sehr häufig bezüglich der Pulsfrequenz.

Das folgende Beispiel möge genügen, dieses Verhältniss zu veranschaulichen. Dem aufmerksamen Leser wird es nicht entgangen sein, dass auch der vorige Fall hierher gehört.

Fall von Masern bei einem 21jährigen ziemlich kräftig gebauten Mann. Die Krankheit begann Abends gegen 10 Uhr mit Frost. Das Exanthem erschien im Laufe des 4. Krankheitstages, und fing in der ersten Hälfte des 8. Tages zu erblassen an. Der concomitirende Katarrh beschränkte sich auf die Conjunctiven, auf die Nasenschleimhaut und auf den obersten Theil der Luftwege.

[1]) Dieser Fall gehört einer zweiten Reihe von Fällen an, welche ich später als die oben erwähnten 52 gesammelt habe.

Tag d. Krankheit.	Remissionszeit.		Exacerbationszeit.	
	Pulsfrequenz	Temperatur.	Pulsfrequenz.	Temperatur.
VI.	72	39°,8	92	40°,4
VII.	68	38°,55	68	38°,2
VIII.	54	37°,3	52	37°,3
IX.	56	37°,2	60	37°,2
X.	52	37°,2	48	36°,7
XI.	56	37°,3	56	37°,4
XII.	56	37°,4	56	37°,6

Aehnliche Fälle werden wir bald noch mehrere kennen lernen. — Möglich, dass der hier vorgetragene Satz eine allgemeinere Fassung, als die ihm von uns gegebene, verdient. Aber ich glaubte vorsichtig sein zu müssen, da seine factische Grundlage nur aus den exspectativ behandelten Fällen besteht, und die Zahl dieser bei weitem geringer ist, als die der energisch behandelten.

Was die Erklärung des Phänomens betrifft, so scheint sie, nach den ausgezeichneten Untersuchungen Chossat's über Inanition, sehr leicht gegeben werden zu können. — Einer der Hauptsätze, zu denen Chossat auf dem Wege des Experiments gelangte, ist bekanntlich der: dass nicht bloss die absolute Entziehung der Nahrung, sondern auch schon eine unzureichende Nahrungszufuhr die Temperatur beträchtlich zu vermindern vermag. — Offenbar nun sind die meisten mit einer acuten fieberhaften Krankheit behafteten Individuen schon wegen ihrer Appetitlosigkeit einer solchen unzureichenden Nahrungszufuhr ausgesetzt, ganz abgesehen von der Beschaffenheit des ihnen gereichten (antiphlogistischen) Nahrungsmaterials. — Die Fiebertemperatur ist demnach als die Resultante zweier Wirkungen zu betrachten, einer Temperaturerhöhenden Wirkung, welche von der Fieber-erregenden Ursache ausgeht, und einer Temperatur-vermindernden Wirkung, welche durch die insufficiente Nahrung gegeben ist. — Hieraus aber folgt zweierlei: erstens dass die Fiebertemperatur nicht der reine Ausdruck für die Intensität der Fieber-erregenden Ursache ist, dass sie daher ungleich höher sein würde, wenn nicht vermöge einer höchst wohlthätigen Einrichtung des Körpers, die uns zur Zeit freilich noch unbekannt ist, die Appetitlosigkeit ein so beständiger Begleiter schwerer fieberhafter Krankheiten wäre, zweitens dass, mit der Elimination der Fiebererregenden Ursache, zunächst die Temperatur-erniedrigende Wirkung der insufficienten Nahrung zum Vorschein kommen müsse. Begreiflich übrigens wird diese dem Fieber folgende Temperaturerniedrigung um so stärker ausfallen und um so länger anhalten, je mehr auch die angewandten Mittel in dieser Richtung gewirkt hatten.

XII. Es giebt wahrscheinlich zweierlei kritische Ausscheidungen: *a*) solche, welche die Ursache des plötzlichen Verschwindens des Fiebers sind, und *b*) solche, welche nur als Folge dieses Verschwindens zu betrachten sind.

So viel ich nach Kenntnissnahme der uns aufbewahrten Originaldocumente gesehen habe, dachten die Urheber der Krisenlehre (Hippocrates, ihr Begründer, und Galen, ihr Systematiker) weit klarer über die hier in Betracht kommenden Punkte, als ich zufolge der achselzuckenden Aeusserungen in den neueren Büchern über allgemeine und specielle Pathologie erwartet hatte. — Es ist keinesweges die kritische Absonderung, auf welche Galen in seiner Definition der wahren, vollkommenen Krise, der Krisis *κατ' ἐξοχὴν* den Hauptaccent legt, sondern, was in der That die unbefangene Beobachtung der Natur auch heutigen Tages noch bestätigt, die subita morbi ad sanitatem conversio, der plötzliche Umschwung der Krankheit in der Richtung zur Genesung hin. Nachdem ich mir alle die Aeusserungen über Krise, welche sich in den Werken dieses gewiss mit Unrecht verunglimpften ärztlichen Polyhistors finden, sorgfältig zusammengestellt hatte, betrachte ich nämlich die folgende Definition als die vollständigste. Sie lautet: *Μόνη τοίνυν ἁπλῶς κρίσις ἡ εἰς ὑγείαν ὀξύῤῥοπος μεταβολὴ προσαγορεύεται, καὶ γίνεται μὲν πάντως ἐπὶ φανεραῖς τισιν ἐκκρίσεσιν ἢ ἀξιολόγοις ἀποστάσεσιν..... Ἡγεῖται δὲ τῶν ἐκκρίσεών τε καὶ τῶν ἀποστάσεων τούτων οὐ σμικρὰ ταραχὴ κατὰ τοῦ καμνόντος σῶμα.* (Sola igitur subita ad sanitatem conversio simpliciter crisis nominatur. Et quidem omnino fit per manifestas quasdam excretiones aut effatu dignos abscessus..... Antecedit autem hujusmodi excretiones et abscessus non mediocris perturbatio in corpore aegrotantis.) Man findet diese Stelle in dem dritten Buche Galen's über die Krisen. Galeni opera omnia, edid. Kühn, vol. IX. p. 703.

Gegen diese Definition lassen sich nur folgende drei, sie nicht wesentlich beeinträchtigende Einwände erheben.

1) Es giebt keine Krankheitskrisis, sondern nur eine Fieberkrisis, d. h. nicht die Gesammtheit der bei einer acuten fieberhaften Affection gegebenen abnormen Zustände erleidet eine plötzliche Wendung zur Genesung hin, sondern zunächst nur der fieberhafte Zustand. Mit anderen Worten: die abnorm hohe Temperatur mitsammt ihren unmittelbaren Folgen zunächst ist es, welche, unter gewissen uns zur Zeit noch unbekannten Bedingungen, plötzlich zu sinken beginnt, dergestalt dass sie in dem kurzen Zeitraum von 12—36 Stunden vollständig verschwindet, und mit diesem Verschwinden ist die Hauptbedingung zum Eintritt in eine schnelle Genesung gegeben. Die anderweitigen krankhaften Zustände (die abgesetzten Exsudate und die noch vorhandenen Entzündungen) brauchen nicht nothwendig zugleich mit der erwähnten Temperatur zu verschwinden, wie ich dies in den kurz vorhergehenden Paragraphen thatsächlich nachgewiesen habe.

2) Es giebt vollkommene Krisen, welche ohne auffällige Erscheinungen in den verschiedenen Secretionsapparaten vor sich gehen. — Zu diesem Satze will ich nachträglich noch folgenden Beleg liefern.

Fall von *Angina faucium* bei einem kräftigen, 21jährigen Mädchen. Die Krankheit begann des Morgens beim Erwachen mit Schmerzen in der Submaxillargegend der linken Seite, welche bereits am folgenden Tage eine solche Intensität erreicht hatten, dass Pat. den Unterkiefer nicht zu bewegen wagte. Bei der Aufnahme, welche in der Exacerbationszeit des 7. Krankheitstages erfolgte, zeigte sich folgender Zustand: Der Unterkiefer kann kaum $^3/_4$ Zoll weit vom Oberkiefer entfernt werden; die Tonsillen stark geschwollen und empfindlich; die Submaxillar-Lymphdrüsen der linken Seite abnorm voluminös und empfindlich gegen Druck; Salivation, grosse Schling-, aber keine Respirationsbeschwerden. — Bis zur Remissionszeit des 9. Krankheitstages war die Behandlung eine rein exspectative; erst als man um diese Zeit, trotz der beginnenden Temperaturerniedrigung, eine Ausbreitung der Lymphdrüsenentzündung auf das benachbarte Bindegewebe constatirt hatte, entschloss man sich zur Application von 20 Blutegeln an die linke Submaxillargegend; innerlich wurde auch jetzt nichts gereicht.

Tag d. Krankheit.	Exacerbationszeit.		Remissionszeit.	
	Pulsfrequenz.	Temperatur.	Pulsfrequenz.	Temperatur.
VII.	—	—	100	38°,4
VIII.	92	39°,3	104	40°
IX.	76	38°,775	84	38°,95
X.	64	37°,575	68	37°,8
XI.	64	37°,25	64	37°,6

Der Temperatursprung, welcher hier, wie man sieht, im Verlaufe des 9. Tages erfolgte, war weder von Schweissabsonderung, noch von der Absonderung eines zur Abscheidung harnsaurer Salze neigenden Urins begleitet; auch nach dem Verschwinden der abnorm hohen Temperatur wurde keines von beiden constatirt.

3) Endlich halte ich die der Krise vorausgehende Perturbation im Nervensystem ebenfalls für unwesentlich, sogar für noch unwesentlicher, als die kritischen Absonderungen und Abscesse, da ich sie äusserst selten beobachtet habe.

Meinen Beobachtungen zufolge würde daher die Galen'sche Definition der Krise, um den richtigen Ausdruck für alle hierher gehörigen Einzelfälle abgeben zu können, folgende Veränderung erleiden müssen:

Die Krisis ist diejenige Endigungsweise fieberhafter acuter Krankheiten, bei welcher der Uebergang zur Genesung durch ein plötzliches Verschwinden des Fiebers, d. i. der abnorm hohen Temperatur eingeleitet wird.

Ihr gegenüber steht die Lysis, bei welcher die abnorm hohe Temperatur unter allmäliger, stetiger Erniedrigung verschwindet.

Gleichsam die Mitte zwischen beiden hält diejenige Endigungsweise, welcher ich den alten Ausdruck Crisis incompleta vindiciren möchte, d. h. jene Endigungsweise, welche im §. VIII. besprochen ist. Sie besteht darin, dass die abnorm hohe Temperatur an einem der kritischen Tage eine plötzliche Erniedrigung erleidet, trotzdem aber, wenn auch in gemässigtem Grade, noch eine Zeit lang fortdauert. —

Am besten, wie ich glaube, werden diese Verhältnisse dadurch veranschaulicht, dass man mit Hülfe der im Verlaufe der Krankheit beobachteten Temperaturzahlen sich Curven verzeichnet. Zum Verständniss der folgenden Figuren sei vorausgeschickt, dass die Abscissen achtstündige Zeiträume darstellen. Die römischen Zahlen an dem oberen Ende der Ordinaten bedeuten die Krankheitstage. Der Buchstabe E bezeichnet die Exacerbationstemperatur, der Buchstabe R die Remissionstemperatur. R E auf zwei benachbarten Ordinaten will so viel heissen, dass die zugehörigen Messungsresultate einem Sonnentage angehören. E R durch eine unbenannte Ordinate getrennt, will besagen, dass zwischen den zugehörigen Messungen eine Nacht liegt.

Crisis.

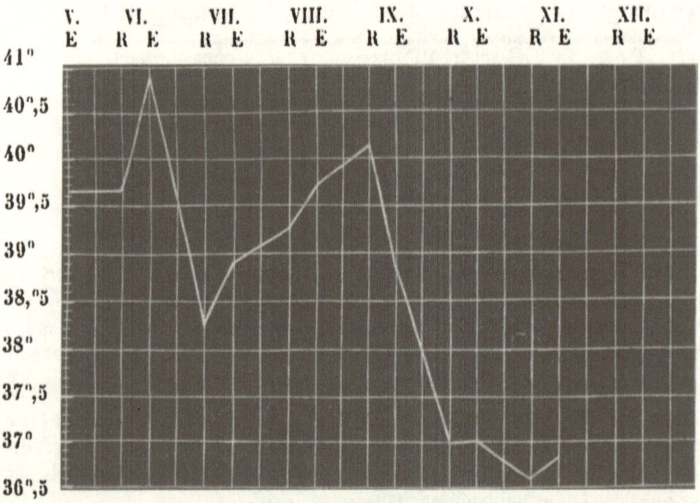

Die vorstehende Curve repräsentirt die Temperaturverhältnisse im Verlaufe eines Gesichtserysipels bei einem 26jährigen Manne. Die Krankheit begann um 2 Uhr Nachmittags plötzlich mit Hitze. — Die Aufnahme erfolgte kurz nach Beginn des 5. Krankheitstages. Im Beginn des 6. Tages wurden 10 Blutegel hinter die Ohren applicirt, da Pat. über heftige Schmerzen in den Ohren klagte. Da die Nachblutung sehr reichlich war, so ist es offenbar diese Blutentleerung, welcher wir das bedeutende Sinken der Temperatur im Verlaufe des 6. Tages zuzuschreiben haben (siehe meine hierher gehörigen Beobachtungen in der „Deutschen Klinik" 1851). Der Augenschein lehrt indess, dass die Wirkung der Blutentleerung eine sehr vorübergehende war, denn schon gegen den Beginn des 7 Tages sehen wir die Temperatur wiederum in erheblichem Steigen begriffen. — Die Krise begann in diesem Falle offenbar mit dem Beginn des 9. Tages, denn der Temperaturstand, welchen wir unter IX. E. erblicken, ist das Resultat einer

Messung, welche gegen 5 Uhr Nachmittags gemacht wurde, während der Beginn des 9. Tages, wie gesagt, schon um 2 Uhr Nachmittags eingetreten war. — Zu bemerken habe ich noch, dass ausser den Blutegeln am 6. Tage Nichts zur Anwendung kam, und dass dieser Fall, wie die drei vorhergehenden, der zweiten Serie meiner Beobachtungen entnommen ist.

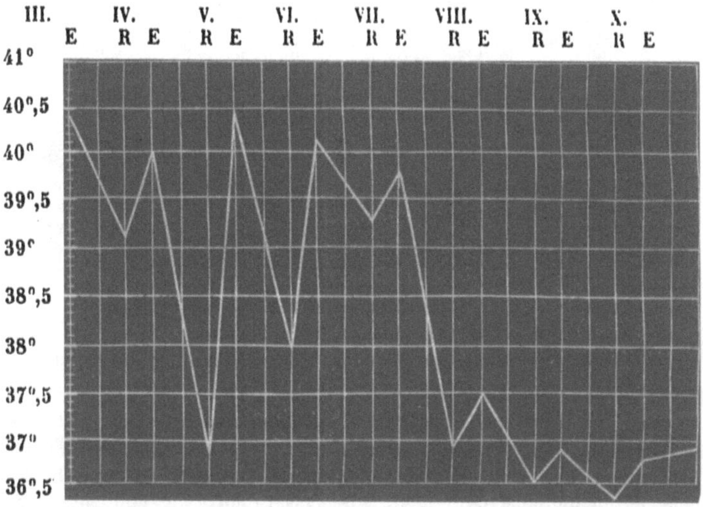

Diese zweite Curve repräsentirt ebenfalls die Temperaturveränderungen im Verlaufe eines Falles von Gesichtserysipel bei einem 21jährigen Manne. Die Krankheit begann auch in diesem Falle plötzlich des Morgens gegen 5 Uhr mit Kopfschmerz, Schwindel, Uebelichkeit und einem Gefühl von Mattigkeit. Bei der Aufnahme, welche in der Exacerbationszeit des 3. Krankheitstages stattfand, waren beide Gesichtshälften in grösster Ausdehnung afficirt, die linke stärker als die rechte. In der Nacht vom 4. zum 5. Krankheitstage verbreitete sich die Affection auf die Kopfschwarte. — Zwei Stunden nach der Messung in der Exacerbationszeit des 7. Tages, also 10 Stunden vor Beendigung des 7. Tages, brach ein reichlicher Schweiss am ganzen Körper aus, welcher die ganze Nacht hindurch dauerte. — Die Behandlung vor der Aufnahme bestand in Brech- und Abführmitteln; nach der Aufnahme war sie eine exspectative (nur dass Pat. innerhalb 24 Stunden ½ Unze Kochsalz in 6 Unzen Wasser behufs eines nicht hierher gehörigen Experiments erhielt). — Ich brauche wohl kaum zu bemerken, dass die Krise in diesem Falle in der zweiten Hälfte des 7. Tages eintrat.

Lysis.

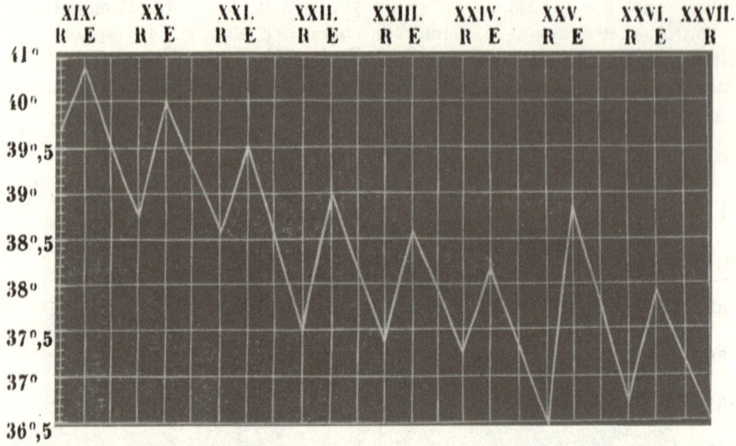

Die vorstehende Curve repräsentirt den Gang des Fiebers in einem Falle von Abdominaltyphus vom 19. Tage ab bis zum 27. — Pat. ging auf diese Weise allmälig und stetig seiner Genesung entgegen. — Die Behandlung war exspectativ.

Gehen wir nun nach dieser nothwendigen Abschweifung über die Natur der Krise an die uns vorgezeichnete Aufgabe, welche sich auf die Bedeutung der kritischen Ausscheidungen bezieht, so weisen die von mir gesammelten Erfahrungen, wie gesagt, auf ein gedoppeltes Verhältniss dieser Ausscheidungen hin.

Vor Allem steht so viel fest, dass es in der That, wie man bereits von vielen Seiten, namentlich in der neueren Zeit, vermuthet hat, Ausscheidungen giebt, welche lediglich als die Folgen der eingetretenen Krise zu betrachten sind. Ich besitze eine Reihe von Fällen, in denen dieser Punkt durch unmittelbare Beobachtung constatirt werden konnte, d. h. Fälle, in denen die Absonderung des kritischen Schweisses und die Ausscheidung eines zur Absetzung von harnsauren Salzen neigenden Urins entschieden erst nach dem Eintritt der Krise oder gar nach ihrer Vollendung beobachtet wurden. Eines der schlagendsten Beispiele dieser Art liefert uns derjenige Fall, welcher zur Verzeichnung der ersten Fieber-Curve gedient hat. In diesem Falle (einem Erysipel) begann die neunte 24stündige Periode der Krankheit um 2 Uhr Nachmittags. Die am Vormittage dieses Tages gegen 9 Uhr vorgenommene Messung ergab eine Temperatur von 40°,1; die Nachmittags gegen 5 Uhr, also 3 Stunden nach Beginn der neunten 24stündigen Periode gemachte Messung dagegen nur noch eine Temperatur von 38°,9. Die Temperatur war demnach, anstatt zu steigen, um 1°,2 gefallen. Erst nach diesem beträchtlichen Abfall brach ein starker allgemeiner Schweiss aus, welcher von 5—7 Uhr dauerte. Der Urin sedimentirte sogar erst 24 Stunden später.

Allerdings ist die Zahl der Fälle, in denen ich eine so entschieden erst nach dem Beginn der Krise eintretende Schweissabsonderung beobachtete, klein im Verhältniss zur Zahl der Fälle, in welchen ich einen kritischen Schweiss überhaupt constatirte —, häufiger schon ist das entschieden nachkritische Erscheinen des sedimentirenden Urins —; nichtsdestoweniger bin ich doch zu der Annahme geneigt, dass in der ungleich grössten Anzahl der Fälle, bei denen es zu einer Krise unter Absonderung eines copiösen Schweisses oder eines sedimentiren den Urins oder Beider kommt, diese Absonderung nicht die Ursache der plötzlichen und grossen Temperatur-Abnahme sei. Es stützt sich diese Annahme auf drei von mir beobachtete Thatsachen. Ich habe erstens da, wo es zu einer Crisis completa kam, niemals den Schweiss oder das Sedimentiren des Urins der Temperatur-Abnahme vorhergehen sehen; begreiflich fallen hierbei alle diejenigen Fälle weg, in denen gleich vom Beginn der Krankheit ab eine Neigung zur Schweissabsonderung und zur Abscheidung eines sedimentirenden Urins obwaltete (vergleiche das im §. III. hierüber Gesagte). Zweitens habe ich mehrere Male im Verlaufe acuter Krankheiten einen copiösen Schweiss ausbrechen sehen, ohne dass diesem auch nur die geringste Temperatur-Abnahme gefolgt wäre. Drittens endlich habe ich mehrere Male im Verlaufe des *Typhus abdominalis* gewaltsam einen copiösen Schweiss und zwar in kritischen Zeiträumen hervorgerufen, ohne auch hier nachträglich eine erhebliche Temperatur-Abnahme constatiren zu können. — Ich will diesen Behauptungen sofort durch einige specielle Belege zu Hülfe kommen.

1) Schwerer Fall von Abdominal-Typhus. Aufnahme im Beginn des 9. Krankheitstages.

Tag d. Krankheit.	Remissionszeit.		Exacerbationszeit.	
	Pulsfrequenz.	Temperatur.	Pulsfrequenz.	Temperatur.
IX.	84	40°,85	84	40°,975[1])
X.	88	40°,6	80	40°,7[2])
XI.	80	40°,475[3])	92	41°,3[4])
XII.	92	40°,55[5])	84	41°,15[6])
XIII.	88	40°,25[7])	88	40°,925[8])
XIV.	84	40°,45[9])	80	40°,3[10])
XV.	72	39°,45[11])	92	41°,05[12])
XVI.	80	40°,15	92	39°,875[13])
XVII.	76	38°,875[14])	88	39°,875[15])
XVIII.	92	39°,9[16])	92	40°,3[17])

Bemerkungen:

[1]) Zwischen 7 – 8 Uhr Abends zwei halbstündige kalte Einwickelungen mit nachfolgender kalter Abreibung.

[2]) Um 6½ Uhr Abends Uebergiessung mit 6 Eimern kalten Wassers.

[3]) Um 10½ Uhr Vormittags Uebergiessung mit 7 Eimern.

[4]) Abends 5½ Uhr dito mit 6 Eimern.

[5]) Vormittags 10½ Uhr dito mit 5 Eimern.

[6]) Nachmittags 5½ Uhr dito mit 5 Eimern.

7) Vormittags 9 1/2—11 Uhr drei halbstündige kalte Einwickelungen.
8) Uebergiessung mit 6 Eimern.
9) Vormittags 10 1/2 Uhr dito mit 5 Eiern.
10) Abends 6 Uhr dito mit 6 Eimern.
11) Vormittags 10 1/2 Uhr dito mit 5 Eimern.
12) Abends 5 1/2 Uhr dito mit 5 Eimern.
13) Abends 5 1/4 Uhr dito mit 6 Eimern.
14) In der Nacht vorher zum ersten Mal reichlicher Schweiss.
15) Nachmittags 5 1/4 Uhr Uebergiessung mit 5 Eimern.
16) Nacht vorher reichlicher Schweiss.
17) Nachmittags 5 1/2 Uhr Uebergiessung mit 5 Eimern.

In diesem Falle erfolgte, zum ersten Male seit der Aufnahme des Pat., ein Schweissausbruch in der Nacht vom 16. auf den 17. Tag. Anscheinend hatte dieser Schweissausbruch in der That eine bedeutende Ermässigung der Temperatur zur Folge; denn die Remissionstemperatur des 17. Tages ist um c. 1°,3 niedriger, als die gleichnamige Temperatur am 16. Tage. Aber ein nochmaliger Blick auf die Tabelle lehrt sofort, dass die Temperatur bereits vor dem Schweissausbruch im Sinken begriffen war; denn die Exacerbationstemperatur des 16. Tages ist nicht nur beträchtlich niedriger, als die gleichnamige Temperatur am 15. Tage, sondern sogar auch niedriger, als die Remissionstemperatur des 16. Tages, obwohl sie doch, dem gewöhnlichen Laufe der Dinge zufolge, höher als diese hätte ausfallen müssen. — Der zweite reichliche Schweissausbruch erfolgte in der Nacht vom 17. zum 18. Tage (und zwar nach Mitternacht); ihm folgte positiv keine Spur von Temperaturverminderung; denn die Remissionstemperatur des 18. Tages blieb ebenso hoch, als die Exacerbationstemperatur des 17.

2) Schwerer Fall von Abdominal-Typhus, Aufnahme am 6. Tage der Krankheit.

Tag d. Krankheit.	Remissionszeit.		Exacerbationszeit.	
	Pulsfrequenz.	Temperatur.	Pulsfrequenz.	Temperatur.
VI.	—	—	96	40°,75
VII.	92	40°,375[1])	96	40°,35
VIII.	96	40°,15[2])	100	40°,95[3])
IX.	100	39°,65	102	40°,6[4])
X.	104	40°,375	104	40°,875[5])
XI.	96	39°,95	102	41°,075[6])
XII.	96	39°,75	96	40°,45[7])
XIII.	96	39°,4	96	40°,175[8])
XIV.	96	39°,975[9])	96	40°,475[10])
XV.	96	39°,775[11])	100	40°,35[12])
XVI.	92	39°,65[13])	104	40°,875[14])
XVII.	96	39°,775[15])	100	40°,375[16])
XVIII.	96	38°,825[17])	96	39°,725[18])
XIX.	96	39°,025[19])	100	39°,925
XX.	104	39°,125	96	39°,5
XXI.	92	38°,375	98	39°,525

Tag d. Krankheit.	Remissionszeit.		Exacerbationszeit.	
	Pulsfrequenz.	Temperatur.	Pulsfrequenz.	Temperatur.
XXII.	104	38°,575	—	—
XXIII.	80	38°,575	88	38°,875
XXIV.	92	37°,75	96	38°,8
XXV.	96	37°,85	88	38°,6
XXVI.	80	37°,425	84	38°
XXVII.	92	38°,15	88	38°,025
XXVIII.	84	37°,3	70	37°,65
XXIX.	70	37°,25	70	37°,55

Bemerkungen:

1) Zehn Blutegel hinter die Ohren.
2) Dito.
3) Um 6 U. 30 Min. Uebergiessung von 4 Eimern kalten Wassers.
4) Dito.
5) Dito.
6) Dito mit 3 Eimern.
7) Dito.
8) Dito mit 4 Eimern.
9) Um 9 Uhr Vormittags Uebergiessung mit 6 Eimern.
10) Dito um 6 Uhr Nachmittags.
11) Um 9 Uhr Vormittags Uebergiessung mit 3 Eimern.
12) Von 5 Uhr 30 Min. Nachmittags ab zwei halbstündige kalte Einwickelungen, darauf Abwaschung im Halbbade von 15° R.
13) Nach 9 Uhr Vormittags zwei eben solche Einwickelungen.
14) Um 6 U. Nachmittags abgeschrecktes Halbbad von 16° R.; Dauer = 14 Min.
15) Vormittags nach 9 Uhr ein eben solches Halbbad von 10 Minuten Dauer.
16) Nachmittags nach 5 Uhr ein 11 Minuten langes Halbbad von 19½° R.
17) Seit 7½ Uhr Morgens Schweiss.
18) Nach der Messung Halbbad von 15° R.; Dauer = 9 Minuten.
19) Wegen von Neuem eintretenden Stupors Uebergiessung mit 6 Eimern kalten Wassers von 8° R.

Die Mittel, welche in diesem Falle bis zum Mittag des 19. Tages in Anwendung kamen, ersieht man aus den unter der Tabelle stehenden „Bemerkungen". — Die Behandlung war bis dahin lediglich auf die Beseitigung der Depression des Cerebral-Systems gerichtet, welche sich vor Allem durch einen intensiven Stupor kundgab; beiläufig wurden natürlich durch die zahlreichen, meist zwei Mal täglich erfolgenden Abkühlungen des Körpers häufige, wenn auch rasch vorübergehende Remissionen des Fiebers bewirkt. — Vom Abend des 19. Tages ab änderte sich die Behandlung. Man ersieht aus den „Bemerkungen", dass der erste Schweissausbruch in diesem Falle in der Nacht vom 17. auf den 18. Tag erfolgte. (Auch hier bin ich beiläufig um so weniger geneigt, die Temperaturverminderung in der Remissionszeit des 18. Tages dem vorhergegangenen Schweissausbruch zuzuschreiben, als die Temperaturzahl in der Exacerbationszeit des 17. Tages eine bereits um diese Zeit erfolgende Temperaturabnahme wahrscheinlich macht.) Ein zweiter Ansatz zur Schweissabsonderung wurde am Nachmittage des 19. Tages beobachtet; gegen das Ende der Exacerbationsmessung

(5 Uhr Nachmittags) fühlte sich nämlich die vorher ganz trockene Haut stellenweise feucht an. — Indem ich diese Erscheinung für einen Fingerzeig, die bevorstehende Krise zu unterstützen, ansah, beschloss ich die künstliche Hervorrufung eines profusen Schweisses. Ich führte dies mit Hülfe meines verehrten Freundes Hallmann folgendermaassen aus. Pat. wurde um 5½ Uhr Nachmittags (also mit einer Temperatur von 39°,925 C. und stellenweise feuchter Haut) in ein über eine wollene Decke gebreitetes, vorher in Brunnenwasser getauchtes und dann gut ausgerungenes Laken gebracht, in dieses Laken bis an den Hals wohl eingehüllt, und hierauf die wollene Decke nach Priesnitzen's Manier so umgeschlagen, dass sie eine möglichst hermetische Hülle um das Ganze bildete. Diese Hülle wurde noch durch drei andere, über sie gebreitete wollene Decken von gleicher Beschaffenheit verstärkt. — In solcher Umhüllung lag Pat. von 5½—9¾ Uhr Abends. Schon um 8 Uhr war ein reichlicher Schweiss ausgebrochen, wie das von zahlreichen dicken Schweisstropfen bedeckte, intensiv geröthete Gesicht bewies. Von reichlichem Schweiss bedeckt, wurde Pat. aus der Umhüllung in ein abgeschrecktes Halbbad von 16° R. gebracht, worin er 5 Minuten lang, natürlich unter fleissigen Abreibungen, verweilte. Um 10½ Uhr Abend erfolgte ein neuer (jetzt spontaner) Schweissausbruch, welcher in reichlichem Maasse bis 4 Uhr Morgens fortdauerte. Was zeigte nun nach dieser Procedur die Messung am Morgen des 20. Tages? Die Temperatur war trotz des wiederholten reichlichen Schweissausbruches nicht nur nicht vermindert, sondern eher vermehrt. Denn während die Remissionstemperatur am vorhergehenden, 19. Tage, = 39°,025 betrug, war sie am 20. Tage = 39°,125. — Pat. erhielt nun am Vormittag des 20. Tages um 10½ Uhr ein abgeschrecktes Halbbad von 18°,5 R., worin er 9 Minuten verweilte; ein zweites Bad von 19°,5 R. und von derselben Dauer am Nachmittage desselben Tages um 6¼ Uhr; ein drittes Halbbad von 14° R. und 8 Minuten Dauer am 21. Tage Nachmittags 6 Uhr. — Unter dieser Behandlung war der 22. Tag herangekommen, wobei zu bemerken ist, dass Pat. sowohl in der Nacht vom 20. auf den 21., als in der Nacht vom 21. auf den 22. reichlich geschwitzt hatte. — Am 22. Tage Nachmittags 4 Uhr schritt ich zu einer zweiten schweisserregenden Einwickelung. Die Procedur glich ganz und gar der am Nachmittag des 19. zur Anwendung gekommenen. Dauer der Einwickelung bis 7½ Uhr Abends. Schon um 5½ Uhr war reichlicher Schweiss ausgebrochen. Um 7½ Uhr wird Pat., von Schweiss bedeckt, in ein abgeschrecktes Halbbad von 16° R. gebracht, worin er 3 Minuten verweilte. Um 8¼ Uhr Abends trat ein starker Frost ein, welcher bis 9 Uhr anhielt. Um 1 Uhr nach Mitternacht ein reichlicher Schweissausbruch, der bis 4 Uhr Morgens dauerte. Auch dies Mal war trotz des doppelten, reichlichen Schweissausbruches das Resultat ganz wie das vorige Mal; denn auch dies Mal war die Temperatur am nächstfolgenden Morgen (i. e. in der Remissionszeit des 21. Tages) nicht nur nicht geringer, sondern sogar höher als am Morgen des 20. Tages. — Hinzufügen muss ich schliesslich, dass Pat. vom

21. Tage ab rein exspectativ behandelt wurde. — Auf den Einwurf, den man mir vielleicht machen wird, dass die reichlichen Schweissausbrüche in diesem Falle, wenn auch nicht von unmittelbarer Wirkung auf die Körper-Temperatur, doch von sichtbarer Wirkung auf die allmälige Abnahme des Fiebers waren, antworte ich einfach mit der öfters von mir constatirten Thatsache, dass man Gleiches auch ohne Schweissausbrüche beim Abdominal-Typhus, und zwar durchaus nicht selten, beobachten kann. Es kommt im Verlaufe dieser Krankheit ein Zeitpunkt, von welchem ab die Temperatur auch bei ganz exspectativer Behandlung, fast stetig, mitunter ziemlich rasch abnimmt. —

Trotzdem will ich keineswegs leugnen, dass es Krankheiten geben mag, in denen auch der Schweiss die Ursache der Krise i. e. der plötzlichen Temperatur-Abnahme abgeben kann. Vielleicht gehört hierher der *Rheumatismus articulorum acutus* und das rheumatische Fieber, was ich späteren Beobachtern zur Entscheidung überlasse. — Giebt es in der That solche Fälle, so bilden sie, wie ich stark vermuthe, eine sehr kleine Minderheit.

Anders dagegen scheint sich's mit den kritischen Blutungen und den kritischen Darmentleerungen zu verhalten. Diesen möchte ich, meinen Beobachtungen zufolge, allerdings eine wahrhaft kritische Bedeutung vindiciren, d. h. die Fähigkeit, eine Krise in dem oben aufgestellten Sinne einzuleiten.

Die Thatsachen, auf die ich mich hierbei stütze, lassen freilich Manches zu wünschen übrig; denn ich besitze keine Fälle, aus denen sich die krisenerzeugende Wirkung jener beiden Ausscheidungen unmittelbar ergiebt, sondern nur solche Beobachtungen, welche es (allerdings in hohem Grade) wahrscheinlich machen, dass die hierher gehörigen Behauptungen der Alten der unmittelbaren Naturanschauung entnommen sind.

Was zunächst die Blutungen betrifft, so habe ich in einem dem vorigen Jahrgange dieser Zeitschrift angehörigen Aufsatze nachgewiesen, dass unter Umständen sogar schon kleine Blutentziehungen die Temperatur beträchtlich zu vermindern vermögen. Diesen Satz habe ich seitdem so häufig bestätigt gefunden, dass ich ihn für einen der bestbegründeten im Bereiche unserer gegenwärtigen Therapie halte. Dass nun, wie von vornherein zu erwarten war, auch spontane Blutentleerungen dieselbe Wirkung haben, lehrt die folgende Beobachtung.

Fall von Pleuropneumonie bei einem kräftigen, 21jährigen Manne. Die Krankheit begann des Morgens gegen 6 Uhr beim Erwachen mit lebhaften Stichen in der rechten Brusthälfte und mit Hitze; ein Frostanfall wird entschieden in Abrede gestellt. Aufnahme in der zweiten Hälfte des 2. Krankheitstages. Von Anfang bis zu Ende rein exspectative Behandlung.

Tag der Krankheit.	Remissionszeit.			Exacerbationszeit.		
	Puls-Frequenz.	Tempe-ratur.	Respir.-Frequenz.	Puls-Frequenz.	Tempe-ratur.	Respir.-Frequenz.
II.	—	—	—	96	40°,5	28
III.	92	39°,675	32	96	40°,725	30
IV.	88	39°,875	36	80	39°,675	26
V.	76	39°,625	22	68	38°,575	22
VI.	52	36°,875	19	56	37°,050	20
VII.	56	36°,7	18	54	36°,75	18
VIII.	56	37°	18	56	37°,35	20

Aus dieser Tabelle ersieht man, dass das Fieber bis gegen die Mitte des 4. Krankheitstages im Steigen begriffen war; denn die Exacerbationstemperatur des 3. Tages ist höher als die gleichnamige Temperatur des 2., und die Remissionstemperatur des 4. Tages höher als die gleichnamige des 3. Tages. Unter diesen Umständen, denen, wie man sieht, auch die Respirationsfrequenz entspricht, erfolgte 8½ Stunden nach Beginn des 4. Krankheitstages, i. e. um 2½ Uhr Nachmittags eine Blutung von c. ℥vj. Das Blut strömte aus dem Munde und wie Pat., nach wiederholtem Fragen, versichert, unter der Empfindung als ob etwas Warmes aus der Mitte der Brust heraufsteige. Der Erfolg dieser spontanen Blutung war ein höchst auffälliger. Einen Theil desselben stellt die Tabelle dar. Ich bemerke dabei, dass die Zahlen, welche die Exacerbationszeit des 4. Krankheitstages repräsentiren, gegen 6 Uhr Nachmittags aufgenommen sind. Also ungefähr 3½ Stunden nach erfolgter Blutung fand man die Pulsfrequenz, welche am Morgen 88 betragen hatte, auf 80; die Respirationsfrequenz, welche am Morgen 36 betragen hatte, auf 30; endlich die Temperatur, welche am Morgen = 39°,875 gefunden worden war, auf 39°,675 herabgesunken. Die zuletzt erwähnte, anscheinend nur kleine Differenz, wird zu einer höchst respectablen Grösse, wenn wir bedenken, dass der Remissionstemperatur des vorhergegangenen 3. Tages, welche 39°,675 betragen hatte, eine Exacerbationstemperatur von 40°,725 gefolgt war, dass demnach die Exacerbationstemperatur des 4. Tages, um der am Morgen erhaltenen Zahl 39°,875 zu entsprechen, mindestens ebenso hoch i. e. bis auf 40°,725 hätte steigen müssen. Der auf die Blutung folgende Temperaturabfall betrug daher in Wirklichkeit mindestens 1° C. Zugleich mit diesen Veränderungen waren zwei andere eingetreten, eine beträchtliche Verminderung der Kopfschmerzen, über welche Pat. noch am Morgen sehr geklagt hatte, und eine erhebliche Ermässigung der Stiche in der linken Brusthälfte, welche seit der vergangenen Nacht eine beträchtliche Exacerbation erlitten hatten. Die acustischen Erscheinungen zeigten sich unverändert. — Ein abermaliger Blick auf die Tabelle lehrt indess, dass die so eben geschilderte Remission keineswegs etwa den Beginn einer Crisis completa darstellte. Denn die Temperatur in der Remissionszeit des 5. Tages, welche c. 15 Stunden später aufgenommen wurde, war noch ganz ebenso hoch als die Exacerbationstemperatur des 4. Tages und nur um $0^{0},2$ niedriger als die Remissionstemperatur des 4. Tages. — Die Crisis trat augenscheinlich erst im Verlaufe des 5. Tages ein, unter dem Ausbruch eines copiösen, zwei Stunden andauernden Schweisses. — Mit dem Ausbruch dieses Schweisses ging die Temperatur, wie aus der Tabelle zu ersehen ist, von Neuem und noch beträchtlicher herunter als in Folge der Blutung, und dabei so rapide, dass sie bereits in der Remissionszeit des 6. Tages unter der Normalen angelangt war.

Dass aber auch Darmentleerungen von einer gewissen Beschaffenheit eine ganz ähnliche Wirkung auf das Fieber haben, wie die Blutung in dem eben mitgetheilten Falle, werden wir sehr bald aus den Belegen zum folgenden Paragraphen ersehen.

Ist es demnach einerseits durch unsere Beobachtungen erwiesen, dass es im Verlaufe acuter fieberhafter Krankheiten bestimmte Tage giebt, an denen das Fieber spontan geneigt ist zu Grunde zu gehen (man verzeihe uns diese Ausdrücke um ihrer Kürze willen), und sehen wir andrerseits, dass sowohl Blutungen, wie auch Darmentleerungen von einer gewissen Beschaffenheit entschieden die Fähigkeit besitzen, das Fieber zu vermindern, so liegt allerdings die Vermuthung nahe, dass dergleichen Ausscheidungen, wenn sie kurz vor dem Anbruch eines kritischen Tages oder im Verlauf desselben erfolgen, eine wahre Krise einzuleiten im Stande seien. Ich möchte Ausscheidungen solcher Art, jener kleinsten Kraft vergleichen, welche ein in labilem Gleichgewicht befindliches System von Kräften aus diesem Gleichgewicht zu bringen vermag.

XIII. Es giebt Mittel, welche die abnorm hohe Temperatur und ihre Folgen beträchtlich zu vermindern vermögen. Von den Mitteln, die ich durch eigene Untersuchungen kennen gelernt habe, zähle ich hierher die Blutentziehungen, die Digitalis, das Quecksilber-Chlorür (in grossen Dosen) und das Wasser, sobald es eine niedrigere Temperatur als der Körper hat. Nie aber habe ich beobachtet, dass diese Mittel eine vollkommene Krise an einem nicht kritischen Tage einzuleiten vermochten. Auf Blutentleerungen sah ich manchmal dann eine vollkommene Krise folgen, wenn sie kurz vor einem kritischen Tage oder im Beginn desselben instituirt worden waren.

Dass die Digitalis, gleich den Blutentleerungen, die Fiebertemperatur zu vermindern vermöge, habe ich an einem andern Orte nachgewiesen (siehe Charité-Annalen Bd. I. Heft 4 und Bd. II. Heft 1). — Dasselbe habe ich bezüglich der lauwarmen Bäder gezeigt (l. c. und Charité-Annalen Bd. I. Heft 3), so dass man allerdings zu sagen berechtigt ist, das Wasser sei ein abkühlendes Mittel, sobald seine Temperatur überhaupt niedriger als die des Körpers ist. —

Die Wirkung des Quecksilber-Chlorürs (in grossen Dosen) auf die Fiebertemperatur habe ich zunächst im Abdominal-Typhus, später auch in anderen acuten Krankheiten, vor Allem in der Pneumonie, zu beobachten Gelegenheit gehabt. Es sei mir gestattet, hier einige darauf bezügliche Fälle mitzutheilen.

1) Fall von Abdominal-Typhus bei einem sehr kräftig gebauten Manne von 20 Jahren. Beginn der Krankheit gegen 9 Uhr Vormittags mit Frost, dem Kopf- und Kreuzschmerzen vorausgegangen waren. Aufnahme in der Exacerbationszeit des 7. Krankheitstages (5. August 1850), nachdem Pat. am 4. Tage ein Brechmittel erhalten hatte.

Tag d. Krankheit.	Remissionszeit.		Exacerbationszeit.	
	Pulsfrequenz.	Temperatur.	Pulsfrequenz.	Temperatur.
VII.	—	—	109	40°,55[1])
VIII.	103	39°,7	106	40°[2])
IX.	84	37°,7[3])	98	39°,6[4])
X.	76	38°,5[5])	84	38°,7[6])
XI.	76	37°,7[7])	88	39°,1
XII.	76	37°,9	78	38°,3
XIII.	68	37°,7	—	—

Bemerkungen:

[1]) Bald nach der Messung ein abgeschrecktes Halbbad von 17°,5 R.; Dauer 8½ M.

[2]) Um 3½ U. Nachmittags erhielt Pat. 4 Calomel-Pulver à gr. v, dreistündlich eins zu nehmen.

[3]) Seit gestern Abend 9 Uhr hat Pat. 3 profuse, in's Grüne spielende Darmentleerungen gehabt.

[4]) Pat. erhielt um 11½ Uhr Mittags ein 5. Calomel-Pulver, dem um 6 Uhr Nachmittags ein 6. folgen soll.

[5]) Seit gestern Abends 9 Uhr 2 reichliche, gallertartige, grüne Darmentleerungen.

[6]) Im Laufe des Nachmittags noch 2 solche Entleerungen.

[7]) Seit gestern Abends abermals 2 Entleerungen von derselben Beschaffenheit.

Zu diesem Falle will ich noch Folgendes bemerken. Ueber die Diagnose konnte kein Zweifel sein. Denn bei seiner Aufnahme zeigte Pat., der vorher nie an Intermittens gelitten hatte, eine sehr beträchtliche Milzvergrösserung: ausserdem hatte er in den drei letzten Tagen vor der Aufnahme häufige Epistaxis gehabt; und dazu kamen intensive Störungen in der Verrichtung des Cerebralsystems. — Dass die Veränderungen in der Temperatur und Pulsfrequenz, welche von der Exacerbationszeit des 8. Tages ab auftraten, nicht als Wirkung des am Abend des 7. Tages angewendeten Halbbades betrachtet werden dürfen, zeigen meine anderweitigen, sehr zahlreichen Beobachtungen über die Wirkung des kalten Wassers überhaupt. Augenblickliche Belehrung darüber erhält der Leser durch die beiden vorhergehenden Typhusfälle. — Zur Unterstützung der Darm-entleerenden Wirkung des Calomels, wurde vom Nachmittag des 10. Tages ab Ricinus-Oel gegeben (1 Esslöffel am Nachmittag des 10. Tages, ein zweiter am Mittag des 11. Tages, ein dritter am Vormittag des 13. Tages). — Vom Nachmittage des 11. Tages ab bis zum Abend des 13. hatte Pat. im Ganzen fünf ziemlich copiöse, breiige, aber nicht mehr grüngefärbte Darmentleerungen. — Aus alledem ersieht man, dass wenigstens diejenigen Veränderungen in der Temperatur- und Pulsfrequenz, welche vom Abend des 8. bis zum Nachmittage des 10. Tages beobachtet wurden, auf Rechnung des Quecksilber-Chlorürs kommen, und zwar um so sicherer, als ich um dieselbe Zeit bei exspectativer Behandlung, selbst in den leichtesten Fällen von Abdominal-Typhus niemals ähnliche Remissionen des Fiebers beobachtet habe.

2) Fall von Abdominal-Typhus bei einem kräftig gebauten, 25jährigen Manne. Die Krankheit begann plötzlich am Nachmittage des 9. Febr. mit Schwindel. Die Aufnahme erfolgte am Abend des 16. Febr., i. e. im Beginn des 8. Krankheitstages. Vor seiner Aufnahme hatte Pat. eine V.S. und ein Brechmittel erhalten.

Tag d. Krankheit.	Exacerbationszeit.		Remissionszeit.	
	Pulsfrequenz.	Temperatur.	Pulsfrequenz.	Temperatur.
VIII.	88	39°,8	88	39°,05
IX.	88	40°,475[1])	92	40°,75[2])
X.	80	39°[3])	84	39°,45[4])
XI.	80	39°,9	72	40°,05[5])
XII.	92	40°,4[6])	76	38°,675[7])
XIII.	84	40°,175[8])	80	39°,05[9])
XIV.	80	40°,05	80	38°,8
XV.	84	39°,95	84	38°,825
XVI.	80	39°,6	80	38°,15[10])
XVII.	68	38°,65	80	37°,7
XVIII.	70	38°,6	76	37°,9
XIX.	62	38°,1	68	37°,575
XX.	72	38°,05	76	37°,5
XXI.	64	37°,9	66	37°,5
XXII.	—	37°,7	—	37°,45
XXIII.	72	37°,45[11])	—	—

Bemerkungen:

[1]) Pat. hat seit 1½ Uhr Nachmittags, im Zwischenraum von 3 Stunden, 2 Pulver à gr. v Calomel genommen.

[2]) Seit gestern Abends noch 2 Pulver à gr. v (das letzte heute früh 4½ Uhr).

[3]) Um 10½ Uhr Vormittags ist ein fünftes Pulver à gr. v verabreicht worden. Seit Vormittags sind 4 reichliche, dunkelgrüne Entleerungen von Syrups-Consistenz erfolgt.

[4]) Gestern Abends 11 Uhr noch eine Entleerung von derselben Beschaffenheit.

[5]) Gestern Abends zwischen 7—10 Uhr ein 6. und 7. Pulver à gr. v Calomel genommen.

[6]) Um 10 Uhr Vormittags ein achtes Pulver à gr. v Calomel. Kurz vor der Messung ist eine syrupsdicke, dunkelgrüne Entleerung erfolgt.

[7]) Seit gestern Abend noch 2 Darmentleerungen von derselben Beschaffenheit.

[8]) Mittags ist ein copiöser, breiiger, grünlicher Stuhl erfolgt.

[9]) Seit gestern Abend 3 breiige, gelbe Darmentleerungen; die erste noch schwach in's Grüne spielend.

[10]) Gestern Abend nach der Messung, Ausbruch eines ziemlich profusen Schweisses auf der bis dahin trockenen Haut (Dauer desselben c. 3 Stunden).

[11]) Vier Tage später wird Pat. vollkommen gesund und bei guten Kräften entlassen.

In diesem Falle war, wie man auf den ersten Blick sieht, das Fieber bis zur Remissionszeit der neunten 24stündigen Periode im Steigen begriffen, dergestalt, dass am Morgen des 18. Febr. die Temperatur die beträchtliche Höhe von 40°,75 erreicht hatte. — Im Verlaufe dieses Tages nun erfolgten vier reichliche Darmentleerungen von der Beschaffenheit derjenigen, welche das Quecksilber-Chlorür in grossen Dosen gewöhnlich zu produciren pflegt; und am Abend war die Temperatur, statt die Höhe von 40°,75 zu überschreiten, im Gegentheil auf 39°, also mindestens um 1°,75, herabgesunken, eine Thatsache, die so hinlänglich für sich spricht, dass offenbar jede weitere Erläuterung überflüssig wird.

Von der Remissionszeit des 10. bis zur Exacerbationszeit des 12. Krankheitstages (inclus.), geht die Temperatur von Neuem in die Höhe, dergestalt, dass sie am Abend des 20. Febr. bereits wiederum einen Stand von 40°,4 erreicht hatte. Jetzt erfolgen, nach wiederholter Darreichung des Quecksilber-Chlorürs, abermals reichliche Entleerungen von der eben erwähnten Beschaffenheit, und man beobachtet am Morgen des 21. Febr. ein abermaliges, beträchtliches Sinken der Temperatur.

3) Fall von Pleuropneumonie bei einem kräftig gebauten, weiblichen Individuum von 23 Jahren. Beginn der Krankheit am 21. Jan., Abends gegen 7 Uhr, mit Frost. Aufnahme am 27. Jan. Abends 5 Uhr (i. e. gegen Ende der sechsten 24stündigen Periode). Am Tage vorher waren 10 blutige Schröpfköpfe applicirt worden; eine anderweitige Behandlung hatte nicht Statt gefunden.

Tag d. Krankheit.	Remissionszeit.		Exacerbationszeit.	
	Pulsfrequenz.	Temperatur.	Pulsfrequenz.	Temperatur.
VI.	—	—	96	38°,4
VII.	80	37°,7	104	39°,5[1])
VIII.	76	36°,8[2])	68	37°
IX.	72	37°,4	76	37°,8
X.	92	37°,8	76	38°,1
XI.	84	37°,4	—	—

Bemerkungen:

[1]) Es werden 3 Pulver à gr. v Calomel verordnet, alle 3 Stunden eines, das erste um 7 Uhr Abends zu nehmen.

[2]) Es sind seit gestern Abend 2 Darmentleerungen erfolgt, die erste von gewöhnlicher Beschaffenheit, die letzte copiös, wässrig, grünlich gefärbt. — Von jetzt ab exspectative Behandlung.

Auch dieser Fall bedarf keiner ausführlichen Erläuterung. — Wie die Vergleichung der betreffenden Zahlen ohne Weiteres lehrt, war gegen Ende des 7. Tages eine erhebliche Exacerbation des Fiebers eingetreten; denn die Exacerbationstemperatur des 7. Tages war um 1°,1 höher als die gleichnamige Temperatur des 6. Tages. Die wahrscheinlichste Erklärung dieser Thatsache ist wohl offenbar die, dass durch die im Verlaufe des 5. Tages geschehene Blutentleerung, eine Remission des Fiebers bewirkt worden war, welche bis gegen das Ende des 7. Tages andauerte. Ich wartete mit der Anwendung des Calomel absichtlich bis nach Vollendung des 7. Tages, um die zu erwartende Wirkung lediglich auf Rechnung des Mittels bringen zu dürfen. Sie trat in der That ein, wie schon die einfache Betrachtung der Tabelle lehrt. — Noch einen besonderen Beweis dafür, dass die am 8. Tag erschienene Remission des Fiebers, als eine Wirkung des Quecksilber-Chlorürs oder vielmehr der durch dasselbe bewirkten Darmentleerung zu betrachten ist, sehe ich in der Thatsache, dass die Temperatur sehr bald von Neuem wieder in die Höhe ging.

Es sei mir gestattet, den bis jetzt vorgetragenen 13 Sätzen noch einen 14, welcher eigentlich unter den ersten seinen Platz hätte finden sollen, nachzuschicken. Er erscheint mir wichtig genug, um selbst an einem unpassenden Orte mitgetheilt zu werden.

XIV. Die Pulsfrequenz giebt *häufig* keinen Anhaltspunkt zur Beurtheilung der Intensität des Fiebers. Ich habe sie bisweilen abnorm erhöht gefunden bei normaler Temperatur, und häufig normal oder abnorm niedrig bei abnorm erhöhter Temperatur; und drittens habe ich häufig eine starke, abendliche Exacerbation der Temperatur beobachtet, während die gleichzeitige Vermehrung der Pulsfrequenz so gering war, dass die Differenz zwischen ihr und der am Morgen beobachteten Pulsfrequenz noch in das Gebiet der hier möglichen Beobachtungsfehler fiel.

Von den zahlreichen **Beispielen**, welche ich als Belege für diesen Satz anführen könnte, sei nur das Folgende erwähnt.

Fall von heftigem acutem Trachealkatarrh bei einem mässig kräftig gebauten 29jährigen Manne. Die Krankheit begann am 13. März Abends 8 Uhr mit Frost. Aufnahme gegen Ende der vierten 24stündigen Periode. Die Behandlung vor und nach der Aufnahme rein exspectativ.

Tag d. Krankheit.	Remissionszeit.		Exacerbationszeit.	
	Pulsfrequenz.	Temperatur.	Pulsfrequenz.	Temperatur.
IV.	—	—	72	39°,025
V.	68	40°	60	39°,95
VI.	56	39°	60	39°,5
VII.	52	38°,5	52	37°,5
VIII.	48	37°,425	—	—

www.ingramcontent.com/pod-product-compliance
Lightning Source LLC
LaVergne TN
LVHW091733021026
849161LV00003BB/600